Mujeres en la Asociación Católica de Propagandistas

La Asociación Católica de Propagandistas (ACdP), fundada en 1909, es una agrupación de seglares católicos con personalidad jurídica eclesiástica y civil, cuyo carisma se orienta al apostolado católico, formando e instando a sus miembros para que tomen parte activa en la vida pública y sirviendo de nexo de unión de los católicos. El propagandista antepone su compromiso cristiano y su afán de testimonio evangélico a cualesquiera otras consideraciones e intereses, adoptando actitudes inequívocas en favor de la verdad y la justicia y en defensa de la persona humana.

Mujeres en la Asociación Católica de Propagandistas

Mª Carmen Escribano

Mujeres en la Asociación Católica de Propagandistas

© Mª Carmen Escribano, 2024
© de la edición, Asociación Católica de Propagandistas, 2024

CEU *Ediciones*
Julián Romea 18, 28003 Madrid
Teléfono: 91 514 05 73
Correo electrónico: ceuediciones@ceu.es
www.ceuediciones.es

ISBN: 978-84-19976-27-7
Depósito legal: M-11575-2024

Maquetación: Forletter, S. A. U.
Diseño de cubierta: Andrea Nieto Alonso (CEU Ediciones)

Impresión: Forletter, S. A. U.
Impreso en España

Índice

Índice de imágenes

Índice de gráficos

Índice de tablas

Prólogo

El libro que va a comenzar nuestro amable lector lleva por título *Mujeres en la Asociación Católica de Propagandistas* y quien escribe estas líneas, también mujer, tiene el gusto de poder introducirlo y así agradecer a la autora que aborde esta cuestión.

Creo que es imposible que recuerde cuántas veces he insistido en las aulas, en conferencias, en charlas de distintos auditorios... cómo es precisamente el cristianismo y la Iglesia católica quien reconoce el papel de la mujer, su dignidad, su igualdad esencial con el hombre, su vocación a la santidad... Es la Iglesia católica quien invoca precisamente a una mujer como Madre de Dios, Reina y Señora de todo lo creado, Puerta del Cielo, Reina de la paz, y tantas otras denominaciones que reconocen, no como una mera fórmula, a María como ejemplo de la mejor mujer y modelo para todos.

Con independencia de la devoción popular, que sin duda existía, la primera canonización de una mujer en la Iglesia católica se produce en el siglo XI. Pero, con anterioridad encontramos, en los primeros siglos de la Iglesia, innumerables mujeres santas, mártires o no, que servían de distintos modos a las comunidades cristianas y que ayudaban, junto con los hombres, y cada uno según la tarea encomendada, a la difusión de la fe. Santas cuya memoria seguimos guardando hoy y que sin duda se nos siguen poniendo como ejemplo. Así Felicidad y Perpetua, Inés, Águeda, Lucía, Cecilia y tantas otras.

La labor de la mujer en la Iglesia, y en concreto en la transmisión de la fe, ha sido y es esencial, desde los inicios mismos de la Iglesia. No solo, como señala la autora, por la cantidad de ejemplos en los que Jesucristo trata con las mujeres, o cómo son estas las primeras que reciben la noticia de la Resurrección en el sepulcro. Durante siglos, en buena medida, la transmisión de la fe en el entorno familiar ha sido en grandísima medida por la labor que ejercían las madres.

Y es en la Iglesia donde encontramos a las grandes doctoras. Las santas Hildegarda de Bingen, Catalina de Siena, Teresa de Ávila y Teresa de Lisieux. Cierto que las cuatro mujeres religiosas, y junto a ellas, los modelos que propone la Iglesia de mujeres santas son «seglares», reinas, madres...

Con todo, es absurdo pretender vivir al margen de la realidad, o ignorando el contexto sociocultural en el que se desarrolla la vida de las personas, y de las mismas sociedades. También nos recuerda la autora ese contexto reflejando, por ejemplo, el acceso en España de la mujer a la Universidad, que no debe ser muy distinto al que se produce en otros países de similares características.

Eso nos lleva a que, en la época contemporánea, el papel de la mujer en la sociedad (nacional e internacional) es muy distinto al que tuvo en otros momentos. Con todo, y como siempre, en todos los tiempos hubo mujeres que destacaron. De nuevo no es una mera fórmula de san Juan Pablo II la referencia al genio femenino que cambia el mundo. Es una realidad que marca el carácter de las sociedades enteras.

Sirva como breve ejemplo, el dato de cómo en las sociedades más desfavorecidas, en aquellas que aún están muy lejos del desarrollo científico y tecnológico, es a las mujeres a las que se confía el aval económico para desarrollar proyectos, como en la India, o la confianza para poder mejorar la sociedad concreta en la que se hayan, a través de distintos proyectos solidarios de financiación múltiple.

Ese genio femenino se hace presente de maneras muy distintas. En la sociedad contemporánea hay un momento en el que en el mundo occidental la mujer empieza a desempeñar distintas funciones, de mucha mayor responsabilidad en la vida pública.

También ocurrió así en España. Y poco a poco las mujeres comenzaron a asumir papeles que durante un tiempo parecía que habían estado reservados para los varones. En el ámbito profesional, en el ámbito empresarial, en el cultural... y en las Instituciones.

M.ª Carmen Escribano nos muestra cómo ha sido la incorporación de la mujer en la Asociación Católica de Propagandistas; incorporación, porque en un primer momento no había mujeres. Porque no era ese el papel que desempeñaban en la sociedad española del siglo xx.

Sin embargo, como siempre, como cuando hizo falta, el genio femenino, esta vez encarnado en un puñado de mujeres españolas, fue capaz de asumir el papel que le correspondía en una sociedad cambiante y, en este caso (también en este caso), al amparo de la Iglesia católica.

Creo que es ejemplar, y para sentirse muy orgullosa, cómo ha ido desarrollándose esa incorporación. Sin estridencias. De una manera natural, sin hostilidad ni enfrentamiento, no como corrientes actuales (más ideologizadas que otra cosa) pretenden que se desarrolle la relación varón y mujer en el contexto social.

En el seno de la ACdP, la primera mujer ingresó cuando la Asociación ya llevaba 50 años de andadura. Y entre medias una Guerra Civil, una posguerra y un proceso de recuperación que dificultaba que las cosas fueran más deprisa.

Al principio lentamente, después con un mayor ritmo, y no sólo como miembros de la Asociación, sino desempeñando cargos de responsabilidad en ella. Al igual que en las obras que de ella dependían, en la que hoy encontramos innumerables cargos directivos desempeñados por las mujeres: Rectora, Directoras, Vicerrectoras, Secretarias Generales…

Y todo ello en colaboración con los varones. Desde el convencimiento de que la vocación a la Asociación es un servicio que se concreta en la presencia de lo católico, de lo cristiano, en la vida pública. Sin disonancias en las que se trate de destacar por encima del otro. Precisamente, desde el convencimiento de la necesidad de trabajar juntos y de ponerse al servicio de la Iglesia y de la sociedad. Desde esa perspectiva, de nuevo, vemos cómo solo cabe una igualdad esencial (al igual que una diferencia en lo concreto) en la que el trabajo y el servicio a los demás, a la sociedad, es lo que mejor refleja la puesta en práctica de la vocación.

Señala M.ª Carmen Escribano el porcentaje que actualmente hay de mujeres en la Asociación. Un cambio lógico y sustancial desde sus inicios y en el que se puede ver como en un espejo el cambio que ha habido en la misma sociedad. Siendo muy conscientes de que, aún hoy, hay vocaciones y profesiones que son más elegidas por los varones, y otras que lo son más por las mujeres. Porque así lo prefieren y porque por distintos motivos les parecen más atractivas, no porque haya ninguna limitación de derechos.

Algo similar ocurre con la Asociación. En ella nadie entra, ni deja de entrar, por ser varón o mujer. Quien se plantea la pertenencia a la misma es en respuesta a una vocación concreta. Ahora bien, quizá puedan servir estas líneas, y la obra de nuestra autora, para mostrar que todo aquel que sienta esa vocación, y todas las mujeres que quieran desarrollar ese servicio de hacer presente lo católico en la vida pública, tienen las puertas de la Asociación abiertas para desarrollar una labor que la sociedad actual necesita y la Iglesia nos reclama. En nuestro caso con las cualidades propias de ese genio femenino.

Carmen Fernández de la Cigoña Cantero
Secretaria General ACdP

Capítulo 1

Introducción

Como mujer propagandista me ha parecido importante conocer y describir la historia de la incorporación de las mujeres en la Asociación Católica de Propagandistas. La búsqueda de la participación de las mujeres en la vida de la Asociación ha sido compleja, ya que no se conservan todos los archivos, y por ello hemos tenido que recurrir a lo que hemos encontrado en algunas actas de reuniones de Asambleas y Consejos Nacionales, con el inconveniente de que tampoco están todas completas, pues en algunos casos sólo se conservan parcialmente, apareciendo en ellas algunos apuntes manuscritos o simplemente el orden del día de la reunión. Los archivos de la Asociación tienen lagunas de información en algunos de los años correspondientes a la primera parte del siglo XX. Faltan fichas de propagandistas y algunas actas, lo que ha dificultado seguir la pista a las mujeres que se inscriben en la Asociación. Queremos agradecer a las personas que trabajan en el archivo de la ACdP su colaboración y rapidez en la búsqueda de los documentos solicitados para realizar el presente trabajo.

La Asociación se funda como una obra de apostolado seglar, de sólo seglares capacitados personalmente, profesionalmente y, sobre todo, espiritualmente para cristianizar *secundum Evangelium* las realidades temporales en España, para aplicar con eficacia evangélica la doctrina social de la Iglesia en la sociedad española[1]. Es en 1909 cuando un grupo de jóvenes católicos, animados por el jesuita P. Ángel Ayala, se reúne para fundar la Asociación, con el deseo de ser apóstoles de Jesucristo, de infundir el espíritu cristiano en el corazón de todos los hombres, y

---

[1] Gutiérrez García, J. L., (2021). *Ayer y hoy de la Asociación Católica de Propagandistas*, CEU Ediciones, p. 11.

para que el Evangelio brille en la vida personal, familiar y social[2]. Así, en el artículo primero de los Estatutos actuales consta que: «La Asociación Católica de Propagandistas es una asociación privada de fieles laicos que quieren responder a su vocación a la santidad mediante la evangelización de la vida pública y la ordenación de las estructuras sociales, según las exigencias del Reino de Dios».

En primer lugar, hemos querido contextualizar la situación de la mujer en la sociedad española y europea a nivel de educación, económico y político en general, a lo que dedicamos los dos capítulos denominados «la mujer y su educación» y «la mujer, la política y las cuentas bancarias». A continuación, hemos recurrido a nuestro fundador, D. Ángel Herrera Oria y su idea de que fueran mujeres las primeras maestras rurales de su diócesis de Málaga para paliar el analfabetismo, este capítulo se denomina «Ángel Herrera Oria y las maestras rurales». Seguidamente se comenta la relación de la Iglesia católica con las mujeres a través de la creación de las Ligas de Mujeres Católicas y su desarrollo hasta la actualidad con la creación de la Unión Mundial de Organizaciones Femeninas Católicas (UMOFC) a la cual la ACdP pertenece, con pleno derecho, desde mayo de 2023.

El centro de este texto está formado por los cuatro capítulos siguientes, «Primeros pasos de la mujer en la ACdP», donde se encuentra descrito el proceso de admisión de las primeras mujeres, «Primeras mujeres propagandistas», en el que se enumeran los datos biográficos encontrados de las mujeres admitidas anteriormente a 1990, «Las mujeres propagandistas en la actualidad», donde se hace referencia a los últimos veintitrés años de la Asociación, y por último, «Las mujeres en órganos de gestión de la ACdP»; en este cuarto capítulo se constata la participación de las mujeres en los distintos órganos de decisión y gestión de la Asociación.

Al finalizar el libro se encuentran los capítulos «Jesús y las mujeres» y «Los últimos Papas y las mujeres»; en el primero se recogen aspectos de las mujeres que se relacionan con Jesús en el Evangelio y su trato

---

2   Tal y como dice la *Oración del Propagandista*.

con él y, en el último, se comentan las opiniones sobre este tema de los últimos Papas desde Pio II.

Hemos querido finalizar el libro con un capítulo llamado «A modo de colofón» para poner de manifiesto cómo el papel de la mujer ha ido evolucionando de forma positiva en la ACdP.

Capítulo 2

La mujer y su educación

El rol de la participación de la mujer como una persona más en la sociedad ha ido cambiando con el tiempo, siendo su evolución muy diferente en cada país. En Occidente se han logrado últimamente muchos avances en lo que respecta a su integración en igualdad con el hombre. Sin embargo, en Oriente, la mujer sigue relegada a un segundo plano, debiendo estar siempre bajo la supervisión de un hombre.

Si nos fijamos en España no podemos olvidar que hasta la primera mitad del siglo XIX en temas de educación, las niñas tenían un currículo muy diferenciado de los niños, y por supuesto en escuelas diferentes para cada sexo. Basta comprobar que en la constitución de 1812, en su artículo 366 se menciona la gran preocupación por la instrucción del pueblo en general, y sin embargo, en el Informe Quintana (Dictamen y Proyecto de Decreto sobre el arreglo general de la Enseñanza Pública del 7 de marzo de 1814, en su artículo 115 se detalla cómo ha de ser la enseñanza de las niñas, explicando que «la enseñanza que debe darse a las mujeres ha de ser doméstica y privada en cuanto sea posible, pues que así lo exige el destino que tiene este sexo en la sociedad»[3].

D.ª Concepción Arenal se disfrazaba de hombre para poder estudiar derecho en la universidad de Madrid, se cortó el pelo, se vistió con una levita masculina, llevaba capa y sombrero de copa como los demás universitarios. Cuando se descubrió su identidad, el rector tuvo que intervenir, y después de un examen la autorizó a asistir a clase, lo que hizo desde 1842 a 1845 pero con un protocolo muy especial. Debía ir acompañada por un familiar y una vez a la puerta del claustro, un

---

3   El 6 de junio de 1785 la Universidad de Alcalá de Henares, que se llamaba universidad Complutense en aquella época, concedió a D.ª María Isidra de Guzmán y de la Cerda el grado de doctor y maestra en la Facultad de Artes y Letras humanas, por autorización de S.M. el Rey Carlos III, cuando ella contaba solo con 17 años.

bedel la recogía y la llevaba a una habitación donde estaba ella sola esperando hasta que el profesor de la asignatura correspondiente la recogía para ir a clase. En el aula se sentaba en un sitio diferente al de los demás estudiantes para seguir las explicaciones del profesor. Cuando la clase finalizaba el profesor la llevaba hasta la habitación inicial para esperar a que el profesor de la siguiente clase la recogiese de nuevo (Valcárcel, 2013).

Ya en la segunda mitad de este siglo xix, la famosa Ley Moyano de 1857, Ley de Instrucción Pública de 9 de septiembre de 1857, primera ley general de educación en España, establece en sus artículos cuatro y cinco la diferenciación de la enseñanza hacia los niños y las niñas, insistiendo que para las niñas se debe enseñar labores propias de su sexo e higiene doméstica.

Habrá que esperar al último tercio de ese siglo para que se funde la «Asociación para la Enseñanza de la Mujer», creada por el rector de la universidad central de Madrid, D. Fernando de Castro Pajares (1814-1874). Esta asociación a su vez comienza la creación de escuelas para mujeres y niñas como la Escuela de Institutrices (1870), la Escuela de Comercio (1878), la Escuela de Correos y Telégrafos (1883), la Escuela de Profesoras de Párvulos (1884), las Escuelas de Primarias para niñas (1884), la Escuela Preparatoria (1885), la Escuela de Segunda Enseñanza (1894) y la Escuela de Taquígrafas y Mecanógrafas (1907), todas ellas con el objetivo de educar para una profesión o para el acceso a la enseñanza superior. La asociación también creó en 1883 la Sección de Idiomas, Música, Dibujo y Pintura, y se pusieron en marcha diversos cursos de formación, como el de Archiveras y Bibliotecarias en 1895.

Sin embargo, y a pesar de todos estos pequeños avances en la educación básica de la mujer, no existía la posibilidad de conseguir un título de segunda enseñanza y menos aún poder asistir a la universidad. El primer caso del que tenemos constancia de mujeres valientes que piden permiso para poder realizar el examen de segunda enseñanza, es el de Antonia Arrobas, ya que el 25 de mayo de 1871 se publica una Orden en que se le concede permiso para examinarse en el Instituto de Segunda Enseñanza de Huelva. El segundo caso similar que ha llegado a nuestros días es el de D.ª María Elena Maseras Rivera, que lo solicita para el Instituto de Barcelona y se le concede con una nueva Orden fechada el 2 de septiembre del mismo año. En esta segunda ocasión, se añade un escrito dirigido al Director del Instituto de Barcelona, donde se dice expresamente que la Dirección General de Instrucción Pública, ha concedido esta gracia, por haber el precedente previo de D.ª Antonia Arrobas de Huelva, y resuelve en este sentido en casos análogos. Pero que como podría suceder que otras personas del mismo sexo pidieran acudir a las clases en virtud de análogo derecho, y dado el estado de nuestras costumbres se hacen notar los inconvenientes que podría ocasionar reunir ambos sexos en las clases. A partir de este momento (2-9-1871) ya pueden examinarse las mujeres de la segunda enseñanza sin tener que solicitar un permiso previo.

Una vez conseguida la segunda enseñanza el paso siguiente fue el acceso a la universidad y es precisamente una de las primeras intrépidas con la segunda enseñanza, D.ª María Elena Maseras Rivera, la primera en matricularse en la universidad de Barcelona, en la facultad de Medicina, en septiembre de 1872, seguida en la misma facultad de D.ª María Dolores Aleu Riera en septiembre de 1874 y D.ª Martina Castell Ballespí en septiembre de 1877, año en que también comenzó sus estudios de Derecho en Barcelona D.ª María Ana Ramona Vives[4], que no tuvo problemas para realizar la matrícula en la universidad por tener la segunda enseñanza superada, sin embargo se enfrentó a ciertas dificultades para poder asistir a clase, ya que cada profesor debía de dar su visto bueno. En el resto de Europa también ocurrían restricciones a que las mujeres estudiaran en la universidad. Este es el caso de la rusa, Sofía Kowalevskaya, que tras casarse por conveniencia para poder salir de su país, viajó por Europa queriendo ir a la universidad en Alemania, encontrándose con el problema de no poder asistir a clase ni siquiera como oyente por ser mujer[5] (Mataix, 2003; Nomdedeu Moreno, 2004).

---

4   Debemos citar a María Isidra Quintina de Guzmán y de la Cerda (1767-1803) más conocida como María de Molina o Isidra de Guzmán consiguió el grado de doctor en la Universidad de Alcalá de Henares, por lo que también es conocida como la doctora de Alcalá.

5   Sofía Kowalevskaya, después de demostrar su valía con el profesor Karl Weierstrass en la universidad de Berlín, tuvo que acudir a casa del profesor los domingos pues no fue admitida para asistir a clase.

La primera mujer que empezó a acudir a clase, después de pedir los permisos necesarios, en la universidad española fue D.ª M.ª Elena Maseras, que consiguió asistir a las clases del Dr. Carbó, catedrático de Terapéutica, durante el curso académico 1875-1876, aunque tuvo que sentarse al lado del profesor Carbó y jamás junto a sus compañeros varones. Efectivamente en 1878 D.ª M.ª Elena Maseras finalizó su carrera de Medicina[6], aunque de nuevo tuvo que pedir los permisos necesarios para presentarse al examen de Grado de la Licenciatura, lo que le costó más de cuatro años, consiguiendo el título el 17 de octubre de 1882[7].

El 16 de marzo de 1882 se había publicado una Real Orden a partir de la cual todas las mujeres, que actualmente estaban matriculadas en la universidad, podían examinarse de Licenciatura y de Doctorado cuando hubiesen cursado y aprobado previamente todas las asignaturas correspondientes. Ahora bien, en esta Real Orden también se hacía constar que se suspendía en lo sucesivo la admisión de las señoras a la Enseñanza Superior. Los pequeños avances conseguidos a partir de la valentía e insistencia de algunas mujeres fueron cortados de raíz con una vuelta hacía atrás en los derechos educativos de la mujer en España. Sin embargo, con la constancia e insistencia se consiguió que unos años más tarde, el 11 de junio de 1888 se publicase una nueva Real Orden donde se proclamaba que las mujeres serían admitidas a los estudios universitarios como alumnas de enseñanza privada y que si alguna solicitara matricula oficial se debía consultar a la Superioridad para resolver cada caso según las circunstancias de la interesada. Otro pequeño avance, aunque había que solicitar permiso al Rector de la universidad correspondiente, además de al catedrático de cada asignatura a cuyas clases la alumna quisiera asistir.

---

6   D.ª María Dolores Aleu Riera terminó sus estudios de Medicina en junio de 1879 y D.ª Martina Castell Ballespí los finalizó en junio de 1881.

7   Sin embargo, durante estos cuatro últimos años, estudió Magisterio, lo que le permitió presentarse a las oposiciones de maestra de primera enseñanza, a cuya profesión se dedicó el resto de su vida. También intentó realizar el doctorado, consiguiendo matricularse en la universidad Central de Madrid, única universidad española en que se podía conseguir en este momento el título de doctor. Sin embargo, fueron tantas las dificultades que le pusieron que al final dejó el doctorado sin finalizar.

La intervención de D.ª Emilia Pardo Bazán, en el Congreso Pedagógico Hispano-Portugués-Americano de 1892 que se celebró en Madrid, supuso una inflexión en la forma de entender en España la educación de las mujeres. En su discurso de conclusiones de este Congreso Pedagógico, pronunciado el 17 de octubre de 1892 denunciaba:

> Hoy por hoy, aquí se admite a la mujer libremente a la segunda enseñanza; en la superior sólo ingresa por una especie de concesión graciosa y sujeta a condiciones que dependen de la buena voluntad de los señores rectores y profesores; y después de haber sido recibidas así, como por lástima o por excepción que impone una singularidad fenomenal, rara vez y en contadísimas profesiones se les permite ejercer lo que aprendieron y aprovecharlo para asegurar la independencia de su vida, o para ejercitar el santo derecho de seguir la vocación propia, la voz misteriosa que nos llama a seguir nuestro camino y emplear nuestras facultades según quiso Aquel que a su voluntad las distribuye (Gabriel, 2018, p. 497).

Con el nuevo siglo xx las cosas iban a empezar a cambiar; la «cuestión femenina» era discutida en todos los ámbitos, la presión generalizada ejercida sobre el Gobierno del Partido Liberal del Conde de Romanones fue vital para que se otorgase a la mujer española el derecho a la educación superior sin ningún tipo de trabas. En 1910, D.ª Emilia Pardo Bazán fue nombrada consejera de Instrucción Pública por el rey D. Alfonso XII, y poco después, el sueño de muchas mujeres se hizo realidad el 8 de marzo de 1910, cuando una Real Orden, firmada por el rey, después de anular la Orden anterior de 11 de Junio de 1888, anuncia:

> … y que por los Jefes de los Establecimientos docentes se concedan, sin necesidad de consultar a la Superioridad, las inscripciones de matrícula en enseñanza oficial o no oficial solicitadas por las mujeres, siempre que se ajusten a las condiciones y reglas establecidas para cada clase y grupo de estudios.

Seis meses después, otra Real Orden de 2 de septiembre de 1910 asegura a las mujeres la validez de sus títulos a efectos profesionales, señalando:

> La legislación vigente autoriza a la mujer para cursar las diversas enseñanzas dependientes de este Ministerio; pero la aplicación de los estudios y de los títulos académicos expedidos en virtud de suficiencia acreditada, no suelen habilitar para el ejercicio de profesión ni para el desempeño de Cátedras. Es un contrasentido que sólo por espíritu rutinario puede persistir. Ni la naturaleza, ni la ley, ni el estado de la cultura en España consienten una contradicción semejante y una injusticia tan evidente. Merece la mujer todo apoyo en su desenvolvimiento intelectual, y todo esfuerzo alentador en su lucha por la vida. Por tanto, S.M. el Rey (q. D. g.) se ha servido disponer:
>
> 1º La posesión de los diversos títulos académicos habilitará a la mujer para el ejercicio de cuantas profesiones tengan relación con el Ministerio de Instrucción pública.
>
> 2º ...Podrán concurrir desde esta fecha a cuantas oposiciones o concursos se anuncien o estén anunciados,... para el desempeño efectivo e inmediato de Cátedras, y de cualesquiera otros destino objeto de las pendientes o sucesivas convocatorias.

Por fin en España las mujeres podían acceder a la Universidad con los mismos derechos que sus compañeros masculinos, sin embargo el papel que la sociedad en general le seguía asignando al sexo femenino todavía pesaba demasiado.

Si nos fijamos, en Europa ocurre algo semejante al caso español. Hacía la mitad del siglo xix en algunos países europeos se comienzan a crear centros universitarios para formar a señoritas que puedan luego ser maestras de primaria, como por ejemplo el Queen's College de Londres que se funda en 1848, o médicos, como la escuela femenina de medicina en San Petersburgo de 1870. Sin embargo, hasta finales del siglo xix o comienzos del xx no se admiten mujeres en otros estudios universitarios diferentes.

Capítulo 3

La mujer, la política y las cuentas bancarias

En el mundo de la política, y en particular en el del sufragio, la primera mujer que pudo votar en unas elecciones generales al Senado de España fue D.ª Trinidad Arroyo, el 23 de marzo de 1916, por ser la primera oftalmóloga de España, junto con D.ª Emilia Pardo Bazán[8].

Unos años más tarde, en la Dictadura de Primo de Rivera se constituyó una Asamblea Nacional Consultiva, cuyos miembros fueron designados por el régimen y se autorizó para que pudieran participar «varones y hembras, solteras, viudas o casadas», aunque estas últimas «debidamente autorizadas por sus maridos». En la reunión celebrada el 11 de octubre de 1927 había trece mujeres, de las que D.ª Concepción Loring fue la primera mujer que habló en una asamblea política española.

En la Constitución de 1931, en la segunda República española, se reconoce el sufragio pasivo femenino, es decir las mujeres pudieron presentarse como candidatas. Fueron elegidas D.ª Margarita Nelken (partido socialista obrero español), D.ª Clara Campoamor (partido republicano radical) y D.ª Victoria Kent (partido republicano radical socialista). Las mujeres tuvieron que esperar hasta 1933 para ejercer el derecho a voto en las elecciones municipales del 23 de abril y las generales del 19 de noviembre. Después con la Guerra Civil ya nadie pudo votar hasta 1977.

En Europa, solo en algunos países, las mujeres comienzan a poder votar a principios del siglo xx, como por ejemplo en Finlandia, aunque en otros países como Alemania, Bélgica, Gran Bretaña, Irlanda del Norte o Austria lo hacen alrededor de 1920, Grecia y Portugal lo hacen

---

8   Ansede (2022). Artículo publicado en el periódico *El País*.

a partir de 1930, en nuestro país vecino Francia a partir de 1945 y en Italia será un año después. Quedan algunos otros países como Andorra y Suiza en los que las mujeres empiezan a votar a partir de 1970.

Fuera de Europa las fechas para el comienzo del voto femenino son parecidas: en Rusia, India (para las mujeres propietarias), Canadá y Estados Unidos (para las mujeres blancas) alrededor de 1920, mientras que en casi todos los demás países, como por ejemplo China, Japón, Israel y Argentina, se demora hasta casi mediados de siglo xx.

Para finalizar este capítulo tengamos en cuenta que en España una mujer no podía ser titular de una cuenta bancaria hasta 1978, pues hasta entonces los titulares debían ser hombres y, sin su autorización, la mujer no tenía acceso a ninguna cuenta. Así, si la mujer estaba soltera dependía de su padre, si éste vivía o de un familiar cercano como podía ser un hermano o un tío, si el padre había fallecido. Si la mujer se casaba pasaba a depender de su marido o, si enviudaba, de un hijo o un masculino hombre próximo.

Capítulo 4

Ángel Herrera Oria y las maestras rurales

D. Ángel Herrera Oria, primer presidente de la ACdP y uno de sus fundadores, es destinado en el año 1947 como Obispo de Málaga. Nada más llegar se da cuenta de que el 85% de la geografía de la provincia es montañosa[9] con malas comunicaciones y una gran dispersión de la población. El analfabetismo de la provincia superaba[10] el 70%[11]. Estaba muy preocupado por la cuestión social y la educación, lo que le llevó en los años cincuenta a diseñar un plan para Málaga, con la construcción de escuelas rurales, escuelas-capilla (ya que tendrían la función tanto de escuela como de capilla), diseminadas por toda la geografía malagueña, en cada una de las cuales debería haber una maestra o maestro rural que fuera el núcleo de la formación de niños y adultos. Así, en primer lugar, creó cuatro escuelas diocesanas de Magisterio Rural, donde se formarían esos futuros maestros rurales, en régimen de internado. De las cuatro escuelas creadas tres se diseñaron para maestras (con la institución teresiana la escuela de Nerja en 1954, con las Hijas de Jesús el Colegio de Gamarra en Málaga en 1955 y con las Hermanas Terciarias Franciscanas el Colegio M.ª Inmaculada de Antequera en 1956) y una para maestros (con los Hermanos Maristas en la finca Trayamar, en el Algarrobo en 1956). Estas escuelas son sustituidas en 1962 por la creada en Álora, en el Santuario de las Flores. Todo ello fue supervisado por un Patronato Mixto Iglesia-Estado, en colaboración con el

---

9   García Mota, F. (1989). *Escuelas Rurales. Patronato Mixto de Educación Primaria Obispado de Málaga*, p. 75.

10   Semanario de la Iglesia católica en Málaga. Diócesis de Málaga, Año XXIII, Número 1.149, Domingo XXVIII del T. O. 13 octubre 2019.

11   Incluso en algunas zonas superaba el 95% con datos recogidos por las primeras maestras rurales.

entonces ministro de Educación, el profesor Joaquín Ruíz-Giménez, que era discípulo y amigo de D. Ángel Herrera Oria.

La formación inicial de las maestras (ya que suponen más del 75%) era cuidada de manera especial pues en el internado:

> se ofrecía una formación intelectual y práctica, a la vez que se les daba información en materias prácticas como pueden ser: la sanidad, agricultura, apicultura y avicultura, industrias domésticas, y otras. El Maestro Rural debla estar preparado para afrontar cualquier situación que se presente, por lo que sería, maestro, asistente social, sacerdote y en parte médico. Esta formación inicial se recibía durante el curso escolar y se completaba con cursillos de verano y prácticas escolares en Escuelas rurales. Los estudios que se realizaban querían estar de acuerdo con los de Bachillerato elemental, que era lo exigido para el maestro estatal, y lo equivalente a los estudios de la Escuela Normal de Magisterio[12].

IMAGEN 1. D.ª SILVERIA GONZÁLEZ EN LOS AÑOS 60 EN LA ESCUELA RURAL.

---

12 García Mota, F. (1989). *Escuelas Rurales. Patronato Mixto de Educación Primaria Obispado de Málaga*, p. 485.

D. Ángel Herrera Oria quería que sus maestros rurales desempeñasen las funciones de formación de niños y adultos, hombres y mujeres, además de asistencia social y sanitaria, comunidad de vecinos, y atención religiosa, lo que obligaba a las maestras a estar disponibles las veinticuatro horas del día, siete días a la semana. Además, las maestras eran elegidas y seleccionadas de las zonas rurales.

D. Ángel Herrera pensaba que los Maestros Rurales deberían ser jóvenes que procediesen de las zonas rurales, para que, después de los estudios de Magisterio, volviesen a las mismas zonas. Para la selección de los futuros maestros se fijaban como condiciones las siguientes:

a) De familias preferentemente campesinas, bien constituidas y de ejemplos de vida católica.

b) Edad entre 15 y 20 años.

c) Superación de unas pruebas culturales sobre los programas de Enseñanza Primaria, y otras de capacitación intelectual que serán especialmente consideradas[13].

Para las vacaciones de verano D. Ángel Herrera creó en Málaga la «Casa de la Maestra» donde podían residir un mes mientras recibían cursos de formación para mejorar la docencia.

En palabras de José Luis Gutiérrez:

Fueron 250 las escuelas-capillas, que se levantaron. Y en cinco años el analfabetismo se redujo en más de la mitad, gracias a la abnegada acción de numerosas y ejemplares maestras jóvenes, que fueron el alma de las Escuelas y de las cuales viven todavía algunas beneméritas…[14].

---

13   García Mota, F. (1989). *Escuelas Rurales. Patronato Mixto de Educación Primaria Obispado de Málaga*, pp. 490-491.

14   Gutiérrez García, J. L. (2021). *Recordando a Ángel Herrera Oria*, p. 31.

De estas beneméritas maestras, contamos actualmente en la Asociación Católica de Propagandistas con dos de ellas en calidad de socias activas del centro de Málaga: D.ª Silveria González Amorena, de la escuela de Magisterio de Gamarra y D.ª Estrella Molina Muñoz, de la escuela de Magisterio de Antequera. En la actualidad D.ª Silveria González es Vicesecretaria del centro de Málaga.

IMAGEN 2. D.ª SILVERIA GONZÁLEZ DE PEQUEÑA.

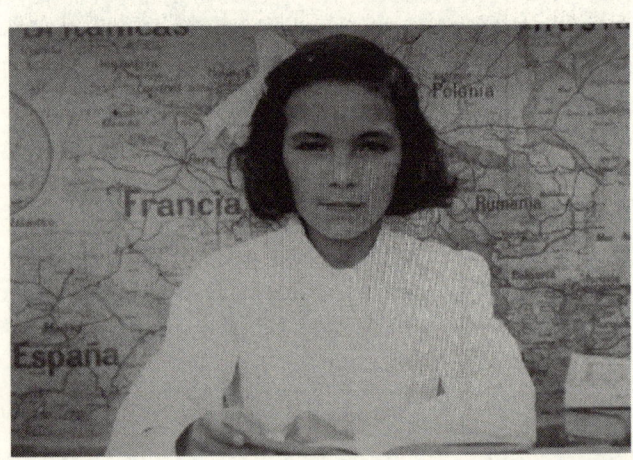

En el mes de septiembre del año 2022, D. Guillermo Altarriba le hizo una entrevista a una de estas dos maestras, D.ª Silveria González quien explicaba en el periódico *El Debate*:

La experiencia de González, no obstante, no se explica con estadísticas ni grandes números, sino con recuerdos y anécdotas, como aquella vez en que su supervisora le llamó a su despacho:

«A ver, Silveria, ¿y tú que tiempo tienes al día para descansar?», recuerda que le dijo, y le respondió: «Mire usted, pues 20 minutos que voy a casa y mi madre me tiene hecha la comida; como rápido y vuelvo a la escuela». Cuando la supervisora le dijo que así no iba a llegar a vieja, González le contestó que, si tanto le preocupaba su descanso, pusiera otra profesora para repartir las clases a niños y adultos. Ante la negativa, la maestra respondió tajante: «Pues no hay más que hablar», y volvió a seguir dando clase[15].

IMAGEN 3. D.ª SILVERIA GONZÁLEZ EN 2022.

Sin embargo, la primera mujer del centro de Málaga que ingresó en la Asociación Católica de Propagandistas fue D.ª Elena Moreno López, una de las colaboradoras muy próximas a D. Ángel Herrera Oria en este Patronato Mixto del que dependían las escuelas-capillas rurales, siendo la cuarta mujer de la que se tiene constancia de su ingreso en 1969, de la que se hablará posteriormente. En la Imagen 4 se puede ver una carta manuscrita por D. Ángel Herrera Oria, dirigida a D.ª Elena Moreno, con el pésame por la muerte de su madre, fechada el 24 de noviembre de 1958.

---

15   Altarriba, G. (2022). «Cuarenta años en las escuelas capilla de Málaga: "Si volviera a nacer, volvería a ser maestra"». Periódico *El Debate*, 10/09/2022.

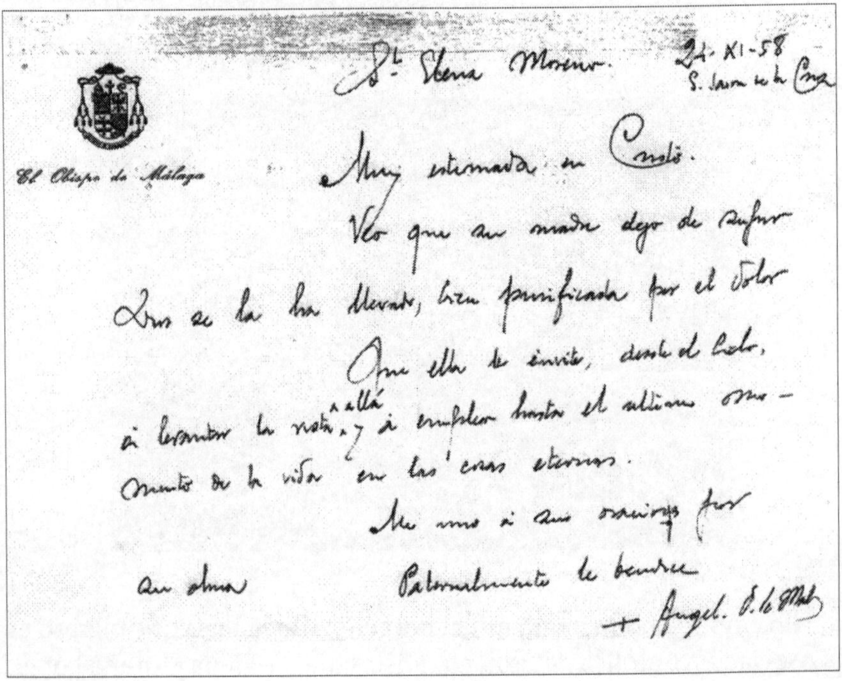

Capítulo 5

La mujer en la Iglesia católica

Dentro de la Iglesia católica la mujer tampoco tiene un reconocimiento igualitario hasta comienzos del siglo xx, cuando comienza a organizarse en asociaciones o ligas católicas que buscan su participación y corresponsabilidad, tanto en la sociedad como en la Iglesia. Esta situación es similar tanto en España como en el resto de Europa.

En 1910 se realiza el primer Consejo Internacional en París de la Federación Internacional de Ligas Católicas Femeninas organizado por la Vizcondesa de Velard que era la presidenta de la Liga Patriótica Femenina francesa, la cual pasaría más tarde a llamarse Acción Católica General Femenina. A esta primera reunión asisten ligas católicas de Alemania, Inglaterra, Austria, Bélgica, Brasil, España, Francia, Lorena, Portugal, Suiza y Uruguay, además de la Sociedad Internacional Católica para las Mujeres. Este Consejo Internacional entre las Ligas Católicas Femeninas era independiente de todos los partidos políticos, tenía como objetivo trabajar para mantener la Fe, defender las libertades religiosas y organizar la acción social católica en un espíritu de sumisión plena y constante ante las directivas del Pontífice soberano. La idea era reunirse cada año estableciendo un Secretariado de Comunicación central en París. Al año siguiente se reunieron en Madrid, celebrándose el segundo Consejo Internacional, donde intervienen mujeres de Argentina, Canadá, Estados Unidos, Hungría, Luxemburgo y Polonia, tomando el relevo la española Marquesa de Unza del Valle que es la elegida para preparar el Consejo siguiente, el tercero, que se celebró en 1912 en Viena, en donde se trataron temas como valores, educación religiosa y mujeres en los puestos de trabajo, y donde es elegida la austriaca Condesa Zicky-Metternich que tiene como encargo preparar el cuarto Consejo en Londres en 1913; en esta cita londinense es electa la inglesa Margaret Fletcher para organizar el siguiente, con la misión de que la Santa Sede aprobase la modificación de estatutos. En este cuarto Consejo Internacional el Papa Pio X aprueba la modificación de estatutos, con lo que la Federación de Ligas Católicas pasa a denominarse a partir de este momento Unión Internacional de Ligas Femeninas Católicas, compuesta por 27 ligas de 17 países. En este momento la Santa Sede nombra como presidenta a la polaca Condesa Wodzicka.

Sin embargo, y al igual que muchas organizaciones internacionales, con motivo de la primera Guerra Mundial, la Unión Internacional de Ligas Femeninas Católicas dejó de funcionar, aunque su presidenta siguió manteniendo contactos con todas ellas y con el Vaticano.

Después de la Guerra se consigue reorganizar esta Unión Internacional de Ligas Femeninas Católicas, realizando en 1921 una reunión en Cracovia (Polonia) y al año siguiente en Roma (Italia), en donde se celebra el Quinto Congreso Internacional con el título «Preservación y propagación de la Fe» y se realiza la campaña femenina a favor de los valores, en contra del tráfico de mujeres, y se hace hincapié en el tema de la preparación de las mujeres para asumir responsabilidades civiles.

El Papa designa en la reunión de Roma de 1922 a la holandesa señora Steenberghe-Engeringh como presidenta internacional, la cual será reelegida en el Sexto Congreso Internacional que se realizó de nuevo en Roma, con el título «Peligros que amenazan a la familia y, a través de ella, a toda la sociedad».

En 1928 se celebró el Séptimo Consejo Internacional y la Primera Semana de Estudio en La Haya (Países Bajos) con el fin de preparar el siguiente Octavo Congreso Internacional de 1930, que se tituló «Reconstruir los valores familiares». El Noveno Consejo Internacional que se celebró en Roma tuvo por título: «Que los principios cristianos de educación penetren la familia y la sociedad». Al décimo Congreso Internacional de 1939 titulado «Mujeres católicas y la restauración del cristianismo en la sociedad de hoy en día», asistieron 55 organizaciones asociadas, de 32 países. Los países son principalmente europeos, de América Latina, y América del Norte, con dos países asiáticos y Australia.

La reunión del Consejo Internacional (a veces también llamado Congreso) siempre tuvo lugar en Roma hasta 1967 excepto en 1951 que se celebró en Friburgo (Suiza) el duodécimo Consejo Internacional; sin embargo, las reuniones de estudio se fueron celebrando en distintos lugares y cada año se analizaban distintos temas: Fe, la Familia, la Educación, la Mujer en el lugar de trabajo, los Valores, la Higiene, la Mujer en la vida pública.

Con el comienzo de la Segunda Guerra Mundial, la presidenta desde 1922, la holandesa señora Steenberghe-Engeringh, quema en mayo de 1940 todos los archivos para impedir que cayeran en manos invasoras y pudieran servir para localizar a personas colaboradoras con la Unión de Ligas Femeninas Católicas, como ocurrió en el mes de junio de 1940, en donde es arrestado por la Gestapo, el Capellán de la Unión, Dr. J.H.E.J. Hoogveld, que falleció durante su encarcelamiento.

Así, entre 1940 y 1945 con motivo de la segunda guerra mundial y la quema de archivos se paraliza a nivel internacional la Unión Mundial de Ligas Femeninas Católicas, aunque siguen trabajando sus organizaciones a nivel local. En 1946, se retoma la actividad y las Naciones Unidas crearon la comisión sobre el Estado de las Mujeres. Ya en 1947 se celebra el Undécimo Congreso en Roma, con el título: «La contribución de las Mujeres Cristianas a la Comunidad Humana». Como muestra de la importancia que va adquiriendo la asociación, a partir de estos momentos, la Unión Mundial de Ligas Femeninas Católicas comienza a tener estatus consultivo en algunos organismos de la ONU, siendo el primero en 1947 en el Consejo Económico y Social de las Naciones Unidas.

En 1951 se realiza el Duodécimo Congreso Internacional en Friburgo con el título «Vida Internacional». En este Consejo se trabaja de nuevo con los estatutos y se mantienen contactos con Monseñor Montini, más tarde el Papa Pablo VI, que colabora en el borrador para su modificación.

El decimotercer Consejo Internacional se celebra en 1952 y es titulado «La paz en el mundo y la contribución de las mujeres católicas», en él se aprueba la modificación de los estatutos y de la misma organización a través de un Consejo[16], que elige como Presidenta a la francesa Marie du Rostu y se cambia la denominación de esta organización internacional, que pasa a ser desde este momento la Unión Mundial de Organizaciones Femeninas Católicas (UMOFC). En estos momentos de principios de los años cincuenta, la UMOFC se componía de 166 organizaciones de 66 países de todo el mundo, representando a 36 millones de mujeres. Desde este año de 1952, muchos países de África, y también de Asia-Pacífico y Oceanía se unieron a UMOFC, consolidándola internacionalmente.

El decimocuarto Congreso Internacional de la UMOFC se celebró en Roma en 1957, con el título: «Misión de las mujeres católicas en el mundo de hoy en día».

En 1961 se celebra el decimoquinto Congreso Internacional en Roma, con el título «Mujeres católicas, fuente de unidad en Cristo y en su Iglesia», coincidiendo con la celebración del cincuenta aniversario de la creación de la Unión de Ligas Católicas. Es elegida como presidenta la española M.ª del Pilar Bellosillo[17], siendo la anterior que ocupaba el puesto la francesa Marie du Rostu, que se convierte ahora en la nueva vicepresidenta. En 1962, la presidenta de la UMOFC es elegida para asistir a la apertura solemne del Concilio Vaticano II y también para ser auditora del mismo, participando activamente en numerosas comisiones de trabajo del Concilio y de diferentes reuniones ecuménicas.

En 1967 se celebra en Roma el decimosexto Congreso Internacional titulado «En un nuevo mundo, el papel de las mujeres como co-artesanas de una nueva humanidad». Y en 1970 el decimoséptimo Congreso Internacional en Torhout (Bélgica), bajo el título «Educación de las Mujeres». En este momento componen la UMOFC 7 organizaciones en África, 13 en América del Norte, 29 en América de Sur, 13 en Asia-Pacífico, 54 en Europa y 4 Internacionales, creándose este año las conferencias regionales de la UMOFC.

---

16 La designación ya no la hace la Santa Sede, sino que es un Consejo de la organización el que la elige.

17 Que seguirá siendo presidenta hasta 1974.

El decimoctavo Congreso Internacional se celebra en 1974 en Dar-es-Salaam (Tanzania) con el título «La UMOFC, un agente para el cambio en una sociedad más justa» y es elegida como presidenta la irlandesa, Elizabeth Lovatt-Dolan. El siguiente Congreso Internacional, que pasa a denominarse ya XIX Asamblea General, se realiza en 1978 en Bangalore (India): «Mujeres, Justicia, Evangelización», y la presidenta Elisabeth Lovatt-Dolan es reelegida. A esta Asamblea General asistió y tomó la palabra la Madre Teresa de Calcuta.

En 1983 se celebra la XX Asamblea General en Antigonish (Canadá) con el título «Mujer: Identidad – desarrollo – nuevas comunidades» y es elegida nueva presidenta la canadiense Eleanor E. Aitken. La XXI Asamblea General se celebra en 1987 en Roehampton (Inglaterra) con el lema «Progreso de las mujeres – enriquecimiento para todas» y es nombrada presidenta la holandesa Marie-Thérèse van Heteren-Hogenhuis, que será reelegida en la Asamblea General de 1991, celebrada en Guadalajara (Méjico), bajo el título «Las mujeres y la vida: visión – realidad – acción».

En 1994 las mujeres de la UMOFC participaron en la Conferencia Mundial sobre la Población y el Medioambiente celebrada en el Cairo (Egipto), y en el Sínodo africano de los Obispos en Roma. Al año siguiente 1995, la UMOFC participó en la Cumbre Mundial para el Desarrollo Social celebrada en Copenhague (Dinamarca) y en la Conferencia Mundial sobre las Mujeres «Igualdad, Desarrollo, Paz» celebrada en Beijing (China) y en el Foro de las ONG en Huairou, que precedió a dicha conferencia.

En 1996 la Asamblea General se celebró en Canberra (Australia) con el título «Yo hago nuevas todas las cosas (App.21.5): Mujeres, Reconciliación y Esperanza» y es elegida nueva presidenta de la UMOFC la mejicana Maria Eugenia Diaz de Pfennich que será reelegida en marzo de 2001 en la Asamblea General celebrada en Roma (Italia) con el título «La Misión Profética de las Mujeres». En el año 2002 se puso en marcha la revista *La Voz de las Mujeres*.

La siguiente Asamblea General de la UMOFC se celebró en Arlington (EE.UU.), del 31 de mayo al 7 de junio de 2006, y su título fue «Mujeres constructoras de la paz: unidas en la fe y en la acción- Bienaventurados los que trabajan por la paz (Mt 5, 9)», recayendo el título de presidenta en la estadounidense Karen M. Hurley. Se decidieron las prioridades para el siguiente cuatrienio: construir una cultura de la Paz con especial atención en la educación y la eliminación de la pobreza con las siguientes Resoluciones adoptadas: 1) Día de oración por el abuso sexual; 2) Educación (niños); 3) Niños y niñas a riesgo; 4) Compromiso con la democracia; 5) La mujer salva el medio ambiente; 6) Globalización solidaria; 7) VIH/SIDA; 8) Pena de muerte; 9) Campaña contra la fabricación, almacenamiento y comercio de armas; 10) Mejorando la situación económica de las mujeres; 11) La Familia; 12) Fin del tráfico de niños. Además, como integrante de la FAO, formó parte de la campaña internacional Alianza contra el Hambre y convocó a todas sus organizaciones a participar en la marcha contra el hambre que se programó en numerosos países el 21 de mayo de 2006. También la UMOFC fue invitada a participar en la Octava Conferencia Mundial de Religiones por la Paz, en el mes de agosto, en Kioto (Japón). En el mes de noviembre, se llevó a cabo en Roma la primera reunión de Consejo de la UMOFC. Al año siguiente el Consejo Pontificio para los Laicos confirmó a la UMOFC como Asociación Pública Internacional de los Fieles en conformidad con las normas canónicas en vigor, según los cánones 298-320 y 327-329 del Código de Leyes Canónicas. También en septiembre de 2007, la Región Europa de la UMOFC fue invitada para participar en la Tercera Asamblea Ecuménica Europea que se llevó a cabo en Sibiu (Rumanía), así la UMOFC va al encuentro de los hermanos y se compromete con el Diálogo Ecuménico e Interreligioso.

En febrero de 2008 la UMOFC participó en la conferencia internacional en conmemoración del 20 aniversario de la Carta Apostólica del Papa Juan Pablo II sobre la «Vocación y dignidad de las mujeres» (*Mulieris dignitatem*), organizada por el Pontificio Consejo para los Laicos. También la UMOFC participó en el Congreso del Consejo Pontificio para la Justicia y la Paz con motivo de la celebración del 40 aniversario de la encíclica *Populorum Progressio*. Durante todo el año 2008 se celebraron las conferencias regionales de la UMOFC:

- La Región África se reunió en Hartbeespoort (Sudáfrica).
- La Región Europa se reunió en Verona (Italia).
- La Región Norteamérica se reunió en Winnipeg (Canadá).
- La Región Asia-Pacífico se reunió en Seúl (Corea).
- La Región América Latina y el Caribe se llevó a cabo en México DF.

Al año siguiente en marzo de 2009, la UMOFC participó en la 1ª Conferencia Internacional, con el título: «Vida, Familia, Desarrollo: el rol de las Mujeres en la Promoción de los Derechos Humanos», patrocinada por el Pontificio Consejo de Justicia y Paz, con la colaboración de la Alianza Mundial de las Mujeres por la vida y la familia (WWALF) y otras asociaciones. También en agosto del mismo año, la UMOFC participó en el V Congreso Mundial para la Familia celebrado en Ámsterdam (Holanda).

La Asamblea General de 2010 se celebró en Jerusalén con el título «Ustedes serán mis testigos», se conmemoró el centenario de la UMOFC, y fue elegida presidenta la italiana Maria Giovanna Ruggieri. Al año siguiente, la UMOFC entró a formar parte el Fórum de ONGs del Vaticano en Roma que trabajan especialmente en temas sociales y de la familia. La UMOFC siguió participando en conferencias internacionales y se designó un nuevo Asistente Eclesiástico para la UMOFC, el Padre Gerard Whelan, S. J., profesor de Teología Práctica y Teología Fundamental en la Pontificia Universidad Gregoriana de Roma, miembro de la Academia Internacional de Teología práctica. En 2012, en el mes de mayo la UMOFC participó en el VII Encuentro Mundial de la Familia, «La familia, el trabajo y la fiesta», celebrado en Milán (Italia) y en el mes de junio se llevó a cabo un importante encuentro mundial, la Conferencia de las Naciones Unidas para el Desarrollo Durable («Río+20»), en el que la UMOFC estuvo representada y el tema fundamental comprendía la ecología natural y humana. La dignidad de la persona es el punto de partida para el logro de un mundo sostenible y las mujeres deberían tener su espacio de liderazgo en ese campo.

Durante el año 2013 se celebró la Conferencia de Mujeres de Medio Oriente, en Amman (Jordania), así como las conferencias regionales de la UMOFC:

- La Región África se reunió en Abuya (Nigeria).
- La Región Europa se reunió en Leeds (Reino Unido).
- La Región América del Norte se reunió en Fort Lauderdale, Florida (EE.UU.).
- La Región América Latina y el Caribe se llevó a cabo en México.

En el año 2014 se celebró la Asamblea General de la UMOFC, en Fátima (Portugal), con el título «Mujeres de la UMOFC, sembradoras de esperanza». («Os envío para que vayáis y deis frutos», Juan 15,16). Fue reelegida presidenta general de la UMOFC para el período 2014-2018 María Giovanna Ruggieri. Durante este año hubo algunos traslados de la sede de la UMOFC, y se participó en la campaña titulada «Un minuto por la paz», para acompañar al Santo Padre en el encuentro de oración por la paz con los presidentes de Israel y Palestina, que se realizó el 8 de junio en el Vaticano. Al año siguiente, 2015, la UMOFC fue invitada a organizar, junto al Pontificio Consejo de Justicia y Paz, y al World Alliance for Life and Family (WWALF), la Conferencia Internacional «Mujeres hacia la agenda del desarrollo post-2015: Los desafíos de los Objetivos del Desarrollo Sostenible (ODS)», que se realizó en Roma, y volvió a poner en marcha la campaña «Un minuto por la Paz». También se puso en marcha un newsletter periódico, que se diferenciaba de la revista *La Voz de las Mujeres* por ser gratuito, electrónico y sólo transmitiría noticias breves y recientes.

En el año 2016 se llevó a cabo en Bari (Italia), el Segundo Encuentro con Mujeres de Oriente Medio, con el título «El rol de la mujer en diálogo y la reconciliación por la paz», celebrándose las conferencias regionales de:

- La Región África ser reunió en Lilongüe (Malawi), con el eje temático «Mujeres de África, proclamadoras de la Misericordia de Dios».

- La Región Asia Pacífico se reunió en Lami (Islas Fiyi) con el tema «En Esperanza y Misericordia nos encontramos en el amor de Dios».
- La Región de América del Norte se reunió en Halifax (Nueva Escocia, Canadá), con el tema: «Mujeres de la Misericordia unidas en un solo corazón, una sola voz, una sola Misión».
- En 2017 se llevaron a cabo las conferencias regionales de la Región Europa con el título «Mujeres de la UMOFC por la honestidad y la justicia» y, de la Región América Latina y el Caribe que se reunió en Antigua (Guatemala) con el título «La familia, germen de una sociedad humanizada».

En 2018 la Asamblea General se reúne en Dakar (Senegal) y la presidencia internacional recae en la argentina María Lía Zervino, que ha sido sustituida recientemente por la mejicana Mónica Santamarina, mediante elecciones en la recién celebrada Asamblea General la UMOFC en Asís (Italia) en mayo de 2023, ya que se ha tenido que dilatar el periodo de los cuatro años por motivo de la pandemia Covid-19. En 2021 en Madrid (España) se celebró la Conferencia Regional Europea con el título «Por la dignidad de todas las mujeres».

El objetivo de la UMOFC es promover la presencia, participación y corresponsabilidad de las mujeres católicas en la sociedad y en la Iglesia, para que puedan cumplir con su misión evangelizadora y trabajar por el desarrollo humano. En la actualidad cuenta con un centenar de organizaciones femeninas católicas de más de cincuenta países en el mundo y que representan a más de ocho millones de mujeres católicas de todas las edades. En España las organizaciones que pertenecen a la UMOFC son: *Adoración Nocturna Femenina, Acción Católica General* y *Manos Unidas*. La Asociación Católica de Propagandistas ha sido admitida como organización miembro con pleno derecho, en la Asamblea General de la UMOFC celebrada en Asís en mayo de 2023.

El Papa Pio X en 1905, en su encíclica *Il fermo propósito* estableció los fundamentos de la *Acción Católica* como actividad de los laicos para situar de nuevo a Cristo en la familia, la escuela y la sociedad. Sin embargo, fue Pio XI en 1931, quien le dio la forma definitiva para agrupar a los fieles bajo la autoridad episcopal y lograr la recristianización de las costumbres y de la vida pública. En los estatutos de la Asociación Católica de Propagandistas, denominados Reglamento de 1933 y que se edita en 1941, para ser propagandista era necesario estar adscrito a una determinada rama de *Acción Católica*[18], lo que ya no se menciona en los Estatutos de 1955, recordemos que en 1933 el presidente de la Asociación Católica de Propagandistas es Ángel Herrera Oria, que también lo es de la Junta Central de Acción Católica. De esta forma se recoge en el artículo 33, dentro del capitulo de Socios, en los estatutos de 1941, de los que se hizo una edición especial, de la que el Archivo de la Asociación conserva un ejemplar. Posteriormente en el transcurso de los años siguientes se siguen realizando reuniones conjuntas, como

---

18   Así se recoge textualmente en el libro de José Luis Gutiérrez García (2015). *Los Estatutos de la Asociación Católica de Propagandistas. Texto y Comentarios 1909-2015*, p. 58.

la Asamblea Regional de Acción Católica que se celebró en Jerez de la Frontera en el año 1969, en colaboración con la A. C. N. de P.[19].

Así pues, existe una vinculación clara de los propagandistas con la *Acción Católica*. La actual configuración de la *Acción Católica General ACG* (agrupación de la Acción Católica de niños, de jóvenes y de adultos) se logra en el año 2009, cuando la XCIII Asamblea Plenaria de la Conferencia Episcopal Española aprueba los nuevos estatutos de la *ACG*. La misión de ACG es crear una escuela de discípulos misioneros, que aliente a los laicos a «salir» a evangelizar, encarnándose en lo cotidiano de su vida, y ayuda a trazar líneas comunitarias para la misión. Laicos atentos a las necesidades y urgencias de nuestro mundo, dispuestos a actuar en la transformación para la construcción de la civilización del amor.

Manos Unidas nace de la mano de las mujeres de Acción Católica para acudir a la llamada de la UMOFC que publica un manifiesto en 1955 respondiendo al llamamiento que realiza la Organización de Naciones Unidas para la Agricultura y la Alimentación (FAO), para luchar contra el hambre en el mundo. En 1959, las mujeres españolas de *Acción Católica* toman el testigo y comienzan su primera campaña contra el hambre, lo que año tras año van consolidando hasta que en 1979 se registra como *Manos Unidas* con sus primeros estatutos aprobados por la Conferencia Episcopal Española, que se irán modificando hasta los actuales de 2012. Manos Unidas inspirándose en el Evangelio y en la Doctrina Social de la Iglesia, promueve dos líneas de trabajo, la primera es la sensibilización para dar a conocer y denunciar la existencia del hambre y de la pobreza, sus causas y sus posibles soluciones. La segunda línea de trabajo es la cooperación al desarrollo, reuniendo medios económicos para financiar los programas, planes y proyectos de desarrollo integral dirigidos a atender estas necesidades.

---

19   Boletín 31 de mayo 1969, nº 871.

La Adoración Nocturna Femenina nace en España en la ciudad de Valencia a principios del siglo xx, por iniciativa de Anita Adrien Mur, con el objetivo de adorar a Jesucristo, durante la noche, bajo la especie Eucarística. Esta fundación, que nació en 1925 con el nombre de *Archicofradía de la Adoración Nocturna de Señoras Esclavas del Corazón Eucarístico de Jesús y de María Dolorosa de Valencia,* tuvo muchos problemas para su creación pues las autoridades eclesiásticas no veían bien que las mujeres salieran de sus casas a avanzadas horas. Previamente en Francia se había fundado la Adoración Nocturna, con Hermann Cohen en 1848, pero llegó a España de manos de Luis de Trelles y Noguerol en 1877, aunque no se consolida hasta 1893 fecha en la que se hace independiente de la francesa, aunque siempre masculina. La Adoración Nocturna Femenina se ha extendido por muchas diócesis españolas, siendo de ámbito nacional desde 1953 y desde 1962 forman parte de la Federación Mundial de las Obras de la Adoración Nocturna de Jesús Sacramentado. Su fin es adorar y velar ante Jesucristo Sacramentado, durante la noche, unida al culto de toda la Iglesia. Mujeres que sienten la necesidad de silencio y oración que se reúnen en grupos que se turnan velando en las horas de la noche en representación de toda la humanidad y en nombre de la toda la Iglesia. Qué busca en esta forma de oración, luz para hacerla compromiso de vida. En la actualidad cuenta con más de 6.000 integrantes.

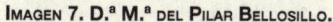

IMAGEN 7. D.ª M.ª DEL PILAR BELLOSILLO.

Es importante fijar la atención en la española D.ª M.ª del Pilar Bellosillo (1913-2003) pues se está promoviendo su causa de beatificación. Nació en Madrid, fue la segunda de ocho hermanos y pasaba las vacaciones en la casa de los abuelos en el pueblo soriano de Derroñadas. Estudió Magisterio en la Institución Teresiana, donde conoció al padre Poveda. El Papa san Pablo VI la nombró auditora del Concilio Vaticano II, junto con otras 22 mujeres, siendo la única laica española. En 1970 en la Asamblea General de la UMOFC que se celebró en Torhout (Holanda) trabajó en un gran plan de liberación de la mujer a través de la educación. Fue consultora en el Primer Consejo Pontificio de los laicos. Trabajó por el ecumenismo como avance para el diálogo y la reconciliación, además de participar en política en las filas de Izquierda Democrática Cristiana con Joaquín Ruiz Jiménez. Toda una mujer de la Iglesia.

Capítulo 6

Primeros pasos de la mujer en la ACdP

La Asociación Católica de Propagandistas nace como una agrupación apostólica de seglares, donde no se contempla en principio la pertenencia de mujeres, ya sea por tradición y/o costumbre en la sociedad española de principios del siglo xx. El Padre Ayala llamó a un grupo de ocho hombres jóvenes (Ángel Herrera Oria, José Fernández de Henestrosa, Gerardo Requejo, José Polanco, Luis Aristizábal, Manuel Gómez Roldán, José María Lamamié de Calairac y Jaime Chicharro)[20], de la Congregación Mariana de los Luises, el domingo 4 de noviembre de 1908 para formar la ACdP, que terminó de fundarse el 3 de diciembre del año siguiente con la celebración de una Eucaristía, por el Pro-Nuncio de Su Santidad en España, Monseñor D. Antonio Vico en la que se realizó la primera imposición de insignias y la lectura de la Oblación del Propagandista a dieciocho jóvenes que habían conseguido reunirse (además de los ocho del año anterior vienen a esta reunión Andrés Montalvo, Ventura Prieto, Santiago Cavengt, Rafael Rotllán, Manuel de Bofarull, José Manuel Aristizábal, Luis Castell, Mateo Villa, José Sauras y Juan Colomer).

El Padre Ayala era un jesuita con un proyecto para España, lo que le llevó a efectuar un pormenorizado análisis de la sociedad española de su época diseñando un plan para resolver sus defectos mediante la reflexión y el sacrificio[21]. Escribió y publicó una serie de obras con una profunda orientación práctica siguiendo las enseñanzas de san Ignacio. Así, en una de sus obras primordiales *Formación de Selectos* explica detalladamente los pasos de su planificación para cumplir con

20   Gutiérrez García, J. L. (2021). *Ayer y hoy de la Asociación Católica de Propagandistas*. CEU Ediciones. Madrid.

21   Martín Puerta, A. (2022). «Orígenes y Pensamiento» en Bustos, Martín y del Pozo: *La Asociación Católica de Propagandistas: Orígenes, espiritualidad y fundamentos*. CEU Ediciones.

los objetivos propuestos, para lanzar un proyecto de renovación de la presencia social de los católicos en España.

Ángel Herrera Oria fue uno de esos jóvenes llamados por el Padre Ayala, pasando a ser el primer Presidente del grupo. Su gran capacidad organizativa y de trabajo hará que lleve a la práctica el plan del Padre Ayala de conseguir una asociación de naturaleza laical para el apostolado, independencia con respecto a la jerarquía eclesiástica, dedicación a la vida pública y finalmente una actitud constructiva y no polémica[22].

Las mujeres estaban excluidas de las reuniones, los círculos de estudio, los retiros y los ejercicios espirituales. En el pensamiento de la época las mujeres podían causar distracciones y los propagandistas tienen que velar por su espiritualidad: oración individual, meditación, participación en la Santa Misa y en los sacramentos que nos ofrece la Iglesia, la penitencia, la unción de los enfermos y los Retiros y Ejercicios Espirituales[23]. El mismo Padre Ayala en el capítulo XXII, de su libro *Formación de Selectos*, en su apartado V «Medios de Atracción», especifica que:

De estos medios de esparcimiento, creemos no conforme al espíritu de la Juventud la celebración de actos escénicos en que intervengan muchachos y muchachas simultáneamente.

Sabemos que otros pensarán de distinto modo, pero el nuestro es ése. Se equivocaría quien de ahí sacase la consecuencia de que lo que pretendemos es educar frailes y monjas. Nada de eso. Pretendemos solo educar jóvenes católicos y fervorosos. En cuanto se abra el portillo de una posible convivencia y trato entre muchachos y muchachas en una organización, desde ese mismo instante se convierte en un centro adonde se acude, no a recibir el espíritu, sino a verse mutuamente... No es ningún pecado que se conozcan y se hagan novios; pero ése no es el sitio. Tampoco es pecado

22   García Escudero, J. M. (1998). *De periodista a cardenal. Vida de Ángel Herrera*. BAC.

23   Bustos Rodríguez, M. (2022). «Fundamentos de la Espiritualidad» en Bustos, Martín y del Pozo: *La Asociación Católica de Propagandistas: Orígenes, espiritualidad y fundamentos*. CEU Ediciones.

que en la Iglesia y en misa se conozcan y vean muchachos y muchachas; claro que no; pero no es decoroso ir a la Iglesia para eso[24].

Cuando se crea la Asociación Católica de Propagandistas en 1909 se denomina en origen como *Asociación Católico-Nacional de Jóvenes Propagandistas* (ACN de JP)[25], aunque poco tiempo después, hacia 1917[26], perdería la letra J de «jóvenes» pasando a denominarse *Asociación Católica Nacional de Propagandistas* (ACN de P). En el boletín de la Asociación que se comienza a publicar en 1924 la denominación sigue siendo ACN de P, hasta la publicación del boletín número 133 del año 1932 en que comienza a aparecer la denominación de Asociación Católica de Propagandistas, perdiendo la letra N de «nacional», hasta el boletín número 223 del 15 de agosto del año 1937, en que vuelve a aparecer la letra N, ya que en estos momentos, no estaba autorizado el empleo del término *nacional* para designar instituciones u organismos no estatales. En los Estatutos de 1976, aprobados por la LXIII Asamblea General la denominación pasa a ser *Asociación Católica de Propagandistas* (ACdP) como actualmente es conocida[27], sin embargo habrá que esperar hasta que se publique el nuevo boletín de la Asociación, en colaboración con la Fundación Universitaria San Pablo CEU para que en el nuevo boletín nº 1 de diciembre del año 1980 aparezca otra vez la denominación actual de ACdP.

En principio, se establece un primer reglamento, conocido como el texto del P. Varela[28], donde se especifica en su artículo VI que los socios deben tener más de dieciséis años y menos de cuarenta. Los casados

---

24 Ayala, A. (1999). *Obras Completas.* Volumen I. Formación de Selectos. Biblioteca de Autores Cristianos, p. 572.

25 Gutiérrez García, J. L. (2010). *Historia de la Asociación Católica de Propagandistas.* CEU Ediciones. Madrid, p. 15.

26 Sánchez Garrido, P. (2017). «Génesis e identidad del grupo fundacional de la ACN de JP (1904-1909)». *Hispania Sacra,* 69 (139), pp. 391-392.

27 Gutiérrez García, J. L. (2015). *Los Estatutos de la Asociación Católica de Propagandistas. Texto y comentarios. 1909-2015.* CEU Ediciones. Madrid, p. 139.

28 Gutiérrez García, J. L. (2015). *Los Estatutos de la Asociación Católica de Propagandistas. Texto y comentarios. 1909-2015.* CEU Ediciones. Madrid, p. 17.

y mayores de cuarenta años podrán ser honorarios. En los años veinte del siglo xx se introducen reformas parciales intermedias (1921, 1923, 1925, 1927, 1928) donde se van añadiendo modificaciones, sobre todo con respecto a los padres espirituales, la organización de los secretarios de centro, consejo asesor, asambleas generales, a la realización de ejercicios espirituales, presupuesto...

Siendo Presidente Ángel Herrera Oria y Secretario General Fernando Martín Sánchez, el 1 de julio de 1933 el boletín de la Asociación publica el texto íntegro de «Los Estatutos fundacionales de la A. C. de P.», como indica en su titular, como anteproyecto de una comisión al efecto, donde se dice que para ser admitido como socio aspirante se deberán haber cumplido al menos veinte años. Sin embargo, la condición de los veinte años para poder ser propagandista queda suprimida en la edición especial que se hace de los Estatutos en 1941 que se encuentra en el Archivo de la Asociación. En 1955, siendo Presidente Francisco Guijarro Arrizabalaga, se aprueba un nuevo Estatuto de la Asociación en la XLI Asamblea General realizada en Loyola el 5 de octubre de 1954 y reconocida oficialmente por el Arzobispo de Toledo y Presidente de la Junta de Metropolitanos Cardenal Enrique Plá y Deniel en 1955. La LXIII Asamblea General realizada en 1976, bajo la presidencia de Abelardo Algora Marco se aprueban los nuevos Estatutos de la Asociación que estarán vigentes hasta 1992, cuando la Conferencia Episcopal Española reconoce los nuevos Estatutos elaborados en la presidencia de Alfonso Ibáñez de Aldecoa y Manrique. Estos estatutos estarán vigentes hasta la Asamblea General realizada en octubre de 2008, bajo la presidencia de Alfredo Dagnino Guerra, donde se aprueban los actuales, que son modificados parcialmente en la Asamblea General de 2014 y reconocidos por la Conferencia Episcopal Española en 2015. En ninguno de los textos de los diferentes Estatutos que han regido la Asociación Católica de Propagandista se menciona positiva o negativamente la posibilidad de que las mujeres formen parte de ella.

La primera vez que en algún documento oficial aparece alguna referencia a mujeres es en el año de 1967, siendo presidente de la ACdP D. Abelardo Algora Marco, Coronel Jurídico Militar. En este año se realizan cuatro reuniones del Consejo Nacional, los días catorce de enero, ocho de abril, ocho de julio y dieciocho de noviembre.

En el orden del día de la reunión del Consejo Nacional celebrado el 6 de abril de 1967, con un total de catorce puntos, el punto once dice «Tanda Nacional de Ejercicios y Asambleas Nacionales», y en el segundo subapartado dice «Posibilidad de asistencia de Matrimonios». También en el punto doce, dentro del «Informe de Secretaría Nacional», además del subapartado habitual «Admisión de nuevos socios», aparece otro subapartado «Posibilidad de socios femeninos». En el acta de dicha reunión, sólo existe una frase en cada uno de los puntos, para indicar que no se resuelve sobre la posibilidad de asistencia de matrimonios y en el punto doce, se especifica que el Sr. Presidente consultará con el Sr. Cardenal la propuesta del centro de Murcia sobre la admisión de socios femeninos. El Secretario del centro de Murcia[29], que será nombrado consejero nacional en la Asamblea General[30] celebrada en septiembre de este mismo año 1967, D. Antonio Pérez Crespo, es al primero que tenemos que reconocer su disposición para que las mujeres pudiesen ser propagandistas, ya que en la citada acta aparece que este punto se trata a petición expresa del centro de Murcia.

En el libro de *Historia del centro de Murcia*[31] se transcribe literalmente una carta de D. Antonio Pérez Crespo a D. José M.ª Sanz-Pastor, fechada el 17 de agosto del mismo año 1967, insistiendo en el ingreso de la mujer

---

29   D. Antonio Pérez Crespo fue nombrado Secretario del centro de Murcia el 6 de noviembre de 1965 y a las reuniones del centro de Murcia acudían mujeres (reunión del 2 y 9 de diciembre 1965 y 13 de enero de 1966) y matrimonios, como por ejemplo la del 3 de febrero de 1966 que se recoge en su libro *Historia del centro de Murcia (ACdP). De 1926 a 2011*, donde de un total de 20 asistentes hay cinco mujeres esposas de otros asistentes.

30   En esta LIV Asamblea General celebrada en La Granja entre el 16 y 17 de septiembre de 1967, se eligen dos consejeros nacionales del mismo centro de Murcia, el abogado D. Antonio Pérez Crespo y el profesor de Economía, D. José Jiménez Mellado. D. Antonio Pérez Crespo renovará su cargo como Secretario del centro de Murcia hasta el 11 de marzo de 1972, pero será nombrado de nuevo el 22 de octubre de 1998, donde continuará su labor hasta el 17 de septiembre de 2011.

31   Pérez Crespo, A. (2013). *Historia del centro de Murcia de la Asociación Católica de Propagandistas (ACdP). De 1926 a 2011*, p. 519.

como socio activo de la Asociación, pues ya se han enviado las fichas correspondientes al Consejo Nacional y están pendientes de resolver.

Imagen 8. Solicitud de Admisión de D.ª María Jiménez Bermejo.

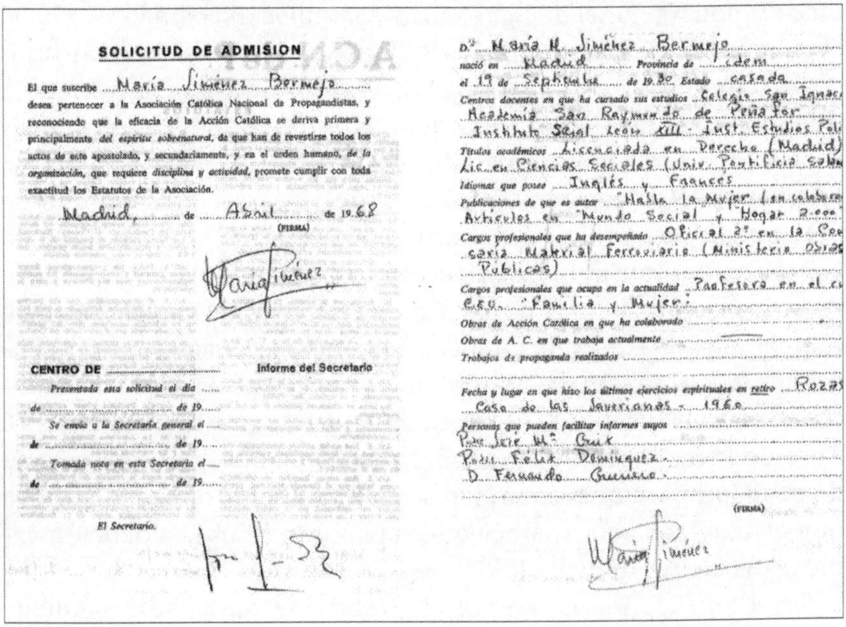

SOLICITUD DE ADMISION

El que suscribe María Jiménez Bermejo desea pertenecer a la Asociación Católica Nacional de Propagandistas, y reconociendo que la eficacia de la Acción Católica se deriva primera y principalmente *del espíritu sobrenatural*, de que han de revestirse todos los actos de este apostolado, y secundariamente, y en el orden humano, *de la organización*, que requiere *disciplina y actividad*, promete cumplir con toda exactitud los Estatutos de la Asociación.

Madrid, de Abril de 1968

(FIRMA)

CENTRO DE .... **Informe del Secretario**

Presentada esta solicitud el día ...... *de* .... *de 19*.....

Se envía a la Secretaría general el ...... *de* .... *de 19*.....

Tomada nota en esta Secretaría el ...... *de* .... *de 19*.....

El Secretario.

D.ª María M. Jiménez Bermejo

nació en Madrid *Provincia de* idem

el 19 *de* Septiembre *de 19*30 *Estado* casada

Centros docentes en que ha cursado sus estudios Colegio San Ignac… Academia San Raymundo de Peñafor[t] Instituto Social León XIII · Inst. Estudios Pol…

Títulos académicos Licenciada en Derecho (Madrid) Lic. en Ciencias Sociales (Univ. Pontificia Sala…

Idiomas que posee Inglés y Francés

Publicaciones de que es autor "Hacia la Mujer (en colabor… Artículos en "Mundo Social" y "Hogar 2.000"

Cargos profesionales que ha desempeñado Oficial 2.º en la Com… saría Material Ferroviario (Ministerio Obras Públicas)

Cargos profesionales que ocupa en la actualidad Profesora en el c… ECU "Familia y Mujer"

Obras de Acción Católica en que ha colaborado ......

Obras de A. C. en que trabaja actualmente ......

Trabajos de propaganda realizados ......

Fecha y lugar en que hizo los últimos ejercicios espirituales en *retiro* Rozas Casa de las Javerianas - 1960

Personas que pueden facilitar informes suyos
Padre José M.ª Cuix
Padre Félix Domínguez
D. Fernando Guerrero

(FIRMA)

En el orden del día de la reunión del Consejo Nacional del ocho de julio de 1967, sigue apareciendo en el punto 10, la «Posibilidad de socios femeninos», aunque no se conserva el acta, podemos suponer que sigue sin resolverse el tema, ya que de nuevo vuelve a aparecer este punto en la reunión del dieciocho de noviembre, como siempre dentro del punto de «Informe de Secretaría General», donde se recoge textualmente en la página 2, párrafo 11 del acta: «El Consejo Nacional acuerda la admisión de socios femeninos en la Asociación». Habrá que esperar algunos meses hasta que esta cuestión se lleve a cabo, pues, aunque el día siete de diciembre del mismo año vuelve a reunirse el Consejo Nacional el tema no se trata, ni tampoco en las reuniones del año siguiente del trece de enero y del seis de abril.

En diciembre de 1967 se celebran en la Casa de San Pablo en Madrid, Convivencias Nacionales de Jóvenes Propagandistas, con un listado de peticiones de los jóvenes, entre las que se encuentra: «Incorporación efectiva del mundo femenino en todas las facetas político-sociales de la vida española»[32]. Es el uno de junio del año 1968 cuando por fin llegan a la reunión del Consejo Nacional de la ACdP las primeras solicitudes de mujeres para ser propagandistas. Son dos mujeres las primeras en ser aceptadas como propagandistas en el centro de Madrid, D.ª María M. Jiménez Bermejo y D.ª Sofía Vidaurrazaga Zimmermann, lo que se les comunica el día 3 de junio del mismo año. Ambas son admitidas como socias inscritas activas. En la Imagen 8 se puede observar la solicitud de admisión en la ACdP de D.ª María Jiménez Bermejo con su firma manuscrita. En estos momentos, según declaraciones del Presidente, D. Abelardo Algora, al periódico *YA*, en la Asociación hay unos cuarenta y cinco centros y aproximadamente ochocientos propagandistas[33]. También el Presidente, en el discurso de clausura de la LV Asamblea General de la Asociación celebrada en septiembre de 1968 dice textualmente:

---

32   Boletín de la A. C. N. de P. de enero de 1968, n° 855.

33   Boletín de la A. C. N. de P. de junio de 1968, n° 860.

Queremos también desarrollar una labor intensa en la promoción integral de la mujer y en la defensa y elevación de los valores auténticos de la familia...

Estamos asistiendo en nuestra patria, a una transformación vertiginosa de las condiciones de vida de la mujer y de las estructuras familiares...

La mujer va accediendo, rápidamente a la vida profesional y laboral. La mentalidad, las costumbres y hasta el porte exterior de la mujer española, están cambiando a un ritmo acelerado: «En España, la mujer no ha pasado verdaderamente por esa época de transición que separa la vida tradicional de la vida moderna. Sin rebeldías, sin audacias, sin lucha –nuestro feminismo» ha sido casi inexistente– ha sonado la hora de su independencia...

...pero nosotros esperamos preferentemente de las mujeres, que se incorporen a nuestra Asociación; una actuación dirigida a orientar y ofrecer criterios de inspiración cristiana teniendo en cuenta la evolución de los tiempos.

(...)

Levantemos la bandera de la promoción de la mujer y de la santificación del amor y de la familia...[34].

---

34   Boletín de la A. C. N. de P. de septiembre de 1968, nº 863.

En el acta del Consejo Nacional del 9 de noviembre de 1968 pasa a ser socia inscrita activa, del centro de Murcia, D.ª Ángela Payá Asensio esposa del Secretario del centro de Murcia Sr. Pérez Crespo. En la Imagen 9 de la solicitud de admisión de D.ª Ángela Payá Asensio se puede observar cómo ella tachó «El que suscribe» y lo cambió por «La que suscribe». Este año vuelve a reunirse el Consejo Nacional el 7 de diciembre, pero no se trata el tema de la mujer. No constan muchos datos de estas pioneras y valientes propagandistas.

En diciembre de este mismo año 1968 se celebran en Murcia las II Convivencias Nacionales de Jóvenes Propagandistas con la asistencia de un centenar de diversos representantes de las provincias españolas, observadores e invitados para tratar temas candentes de la problemática social española. Además, a dichas convivencias asisten el Obispo de Murcia y el Presidente de la ACdP. Entre los temas debatidos se trata el día 20 de diciembre el tema «La mujer no es solo madre» y se llegan a las siguientes conclusiones recogidas en el Boletín de la A. C. N. de Propagandistas del 31 de enero de 1969, número 867:

---

35   En la fotografía Ángela Paya, que lleva un ramo de flores, está junto a su marido Antonio Pérez Crespo en el baile organizado por la Junta del Puerto de Cartagena en la celebración de Santo Domingo de la Calzada, patrón de Obras Públicas. Antonio Pérez Crespo era el Presidente de la Junta del Puerto de Cartagena.

– La mujer no es solo madre, sino que está en condiciones de desarrollar una actividad semejante a la del hombre. Psicológicamente no existe una igualdad respecto al varón, que no viene desmentida por la diferencia de sexo. Por otra parte, la mujer le gana al hombre en: sensibilidad, efectividad, sentimiento de humanidad, capacidad de sufrimiento, visión global de las cosas y realismo; un realismo que, aunque procede lo intuitivo, tiene pocos fallos.

– Es evidente que hay una civilización varonil, que se ha empeñado en dejar fuera a la mujer, hasta el punto de que, cuando es ella la que desarrolla una tarea intelectual, ha de hacerlo de acuerdo con la manera que el varón tiene de ver o enjuiciar las cosas. No admitimos el matriarcado, ni el patriarcado.

– Nos encontramos en una época de transición. La mujer empieza a romper con los seculares perjuicios…

– Está históricamente demostrado que, en materia de política, las mujeres son tan capaces como los hombres…

– Hace falta que desaparezca el miedo. Que el hombre deje pasar a la mujer, que la deje probar, ya que nadie puede ser, viviendo como vivimos en sociedad, apolítico. La mujer debe recibir la misma formación política que el hombre. En lo que se refiere a cargos, puede llegar, en general, a todos ellos. La mujer tiene que pensar que política equivale a servir a la comunidad, trabajando sobre la realidad existente, sin palabras hechas, en un quehacer común[36].

---

36   Boletín de la A. C. N. de P. del 31 de enero de 1969, número 867, p. 5.

En el año de 1969 el Consejo Nacional se reúne en marzo, junio, octubre y diciembre, pero entre la documentación recuperada no se ha encontrado ninguna referencia a nuevas incorporaciones de mujeres, a excepción de la última reunión del año, el 13 de diciembre. El punto 10 de un total de 16 de los que consta el orden del día de la citada reunión, dice Informe de Secretaría General, con tres subapartados: Designación de nuevos Secretarios, Admisión de nuevos socios y Cambios de Categorías. Dentro de la Admisión de nuevos socios, se presenta de Málaga[37], D.ª Elena Moreno López. Estamos ante la cuarta mujer que ingresa en la ACdP. (Véase la Imagen número 11 con su solicitud de admisión).

---

37   Hay que recordar que el centro de Málaga se creará en el mes de junio del año 2004.

El mundo está necesitado de grandes ideales. Levantamos bandera de la promoción de la mujer

En el año 1970 se realizan seis reuniones del Consejo Nacional en marzo, abril, junio, septiembre, octubre y diciembre, sin encontrar, entre la documentación existente, ninguna otra referencia al tema de incorporaciones femeninas. Lo que sí se ha encontrado es un censo de marzo del año 1970, donde aparecen reflejadas 4 mujeres propagandistas de un total de 685 socios. En el mes de febrero de este año 1970 el Secretario del centro de Cádiz, D. Manuel A. Rendón, organiza una charla-coloquio sobre el tema «Promoción de la mujer» donde la ponente Ana Hervias expone:

> que hasta hace poco la mujer estaba refugiada en el hogar, se contentaba con esto y poseía escasa cultura. Cuidaba solo de su belleza, para ser cortejada y adulada. Muchas adoptaban postura de «muñeca» (cuidarla y mimarla). Su puesto era sólo «Reina del Hogar». Una reina sin vasallos, solo al servicio de todos. Muchas se han contentado con su postura, por comodidad y egoísmo.
>
> La mujer debe tomar conciencia de su posición. Superar costumbres y hábitos. Un mundo más cristiano, más justo, debe darle derecho a la justicia y libertad.

Existen muchísimas revistas de mujeres... En casi ninguna de ellas se anuncia un solo libro, o algo de cultura.

No se han ocupado de educarlas. Nadie cree en ellas, ni creen les puede interesar superarse... Nunca se les ha preguntado lo que opinan sobre algo. (...) La Iglesia actual la llama para cooperar con el hombre en el apostolado[38].

La verdad es que el centro de Murcia sigue insistiendo en la participación de la mujer en la Asociación e invita a sus reuniones a mujeres y esposas de asistentes desde la segunda mitad de la década de los años 60, por ejemplo, en su memoria de 1970 se menciona a las siguientes señoritas que no son propagandistas y de las que no se tiene ningún dato: D.ª Julia Celdrán Ruano; D.ª M.ª del Carmen Sánchez Rojas, D.ª May Bernal de la Cuesta, D.ª Asunción Arias Muñoz y D.ª María Antonieta Esquer.

Sin embargo, en el año 1971, se realizan cuatro reuniones del Consejo Nacional, en los meses de enero, junio, septiembre y octubre. En la reunión del 29 de junio, se admite como nueva socia del centro de Murcia a D.ª Mari-Juana Tio Spuche. Además, este mismo año, es nombrada Secretaria Nacional de Promoción de la mujer, D.ª M.ª Jiménez Bermejo, el 31 de octubre de 1971 por el Presidente, D. Abelardo Algora. La Imagen 11, del Boletín de la A. C. N. de P., nº 874, del año 1969, presenta a D.ª M.ª Jiménez Bermejo con un grupo de mujeres. Además, en junio de 1971 el Boletín nº 895 del mes de junio recoge una entrevista de Maruja y de Delfina, por pertenecer al nuevo Secretariado Nacional de Promoción de la Mujer recién creado. Suponemos que Maruja es en realidad María Jímenez, pero desconocemos la identidad de Delfina. En esta entrevista se explicita que los fines del Secretariado son «Intentar que los avances legislativos que últimamente se han producido en España, en torno a la mujer, se conviertan en una realidad práctica... para alcanzar la total integración de la mujer en todas las actividades sociales y políticas... ahora la mujer ha tomado conciencia de su dignidad humana y de su importancia como miembro "operante" de la

---

38   Boletín de la A. C. N. de P. de febrero de 1970, nº 879.

sociedad, y lentamente empieza a exigir que se la deje actuar donde libremente elija...».

Centro	Año de incorporación de la mujer
Madrid	1968
Murcia	1968
Málaga	1969
Valencia	1973
Cáceres	1975
Badajoz	1981
Valladolid	1992
Barcelona	1995
Pamplona	2004
San Sebastián	2004
Talavera de la Reina	2004
Toledo	2004
Bilbao	2005
Cádiz	2005
Castellón	2005
Jerez de la Frontera	2005
Santander	2005
Santiago de Compostela	2005
Asturias	2006
Alicante	2007
Zaragoza	2007
Sevilla	2009
Guadix	2019

En la Tabla 1 se puede observar por orden del año, las incorporaciones de las primeras mujeres propagandistas en cada centro de la Asociación Católica de Propagandistas. Es importante observar que el centro de Badajoz no existe en este momento presente, y que de los centros actuales no hay mujeres ni en el de Córdoba, ni en el núcleo de Santa Cruz de Tenerife. También hay que tener en cuenta que el centro de Guadix se creó en el año 2019.

IMAGEN 13. CARTA MANUSCRITA DE D.ª MARÍA JIMÉNEZ.

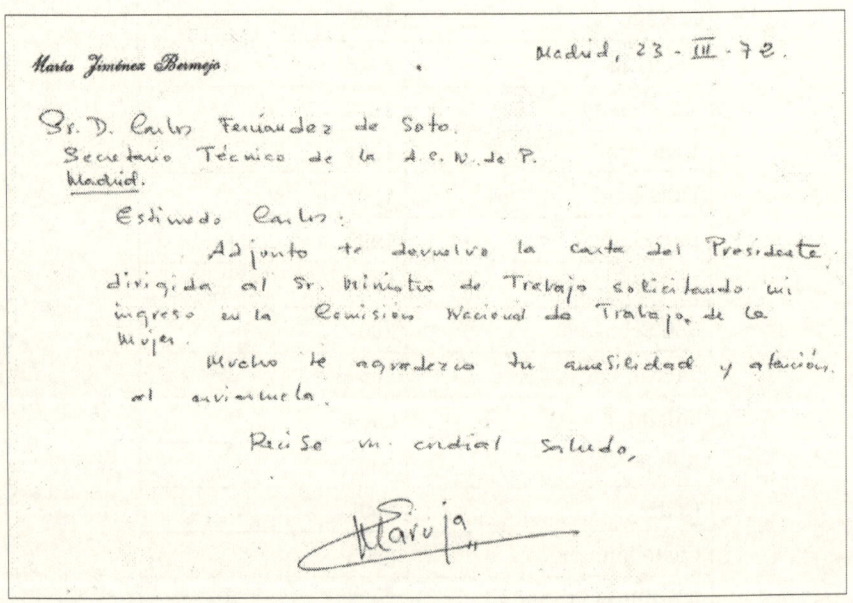

En el año 1972, en el Boletín de la A. C. N. de P., número 903, se incluye una nueva sección titulada «Página de la Mujer» que escribe D.ª María Jiménez Bermejo. En esta primera ocasión la titula «La comisión nacional del trabajo femenino». Esta comisión acaba de ser creada por el Ministerio de Trabajo (en la Imagen 13 se puede observar la carta manuscrita que dirige D.ª María Jiménez al Secretario Técnico de la ACdP, D. Carlos Fernández de Soto y que firma como «Maruja») y estaba presidida por el subsecretario del Ministerio de

Trabajo y la componían diversos vocales entre los que se encontraban representantes de la Sección Femenina, de la Organización Sindical, y de los Ministerios de Educación y Ciencia, Industria y Agricultura, así como del Consejo Nacional de Trabajadores, y del Consejo Nacional de Empresarios. Esta sección no vuelve a aparecer en ninguno de los restantes boletines de este año 1972. En el citado artículo, D.ª María Jiménez explica que:

> Uno de los fenómenos sociales de mayor envergadura es actualmente el incremento que la mujer esta teniendo en la masa de población activa. Este hecho reviste una importancia tan fundamental que precisa de directrices concretas y determinadas que lo posibiliten y lo encaucen, para que como se ha dicho «la mujer no se convierta en una nueva fuente de mano de obra barata y sin calificar»...[39].

En este mismo año 1972 el Consejo Nacional se reúne cinco veces en marzo, junio, septiembre, octubre y diciembre. Sólo en la reunión del día 30 de junio se admite a una mujer en el centro de Madrid, D.ª Concepción Llaguno Marchena. En 1973 el Consejo Nacional se vuelve a reunir seis veces en marzo, mayo, junio, octubre, noviembre y diciembre, de las que solo se admite a una mujer en la reunión del 22 de junio, D.ª Rosa Dolores Caro Rueda, del centro de Valencia, de la que no se tienen datos. El año 1974 tiene siete reuniones del Consejo Nacional, en febrero, marzo, mayo, julio, octubre, noviembre y diciembre. Sólo en las reuniones celebradas el 1 de octubre se admite a D.ª Alicia Sánchez-Huet Olcina del centro de Valencia y el 16 de marzo se admiten a dos mujeres del centro de Valencia, D.ª M.ª Rosario Nicolau Tomás, y D.ª M.ª Josefa Nicolau Tomás, de las que no tenemos ninguna información en el archivo. En este mismo año 1974 la Acción Católica española nombra como su presidenta a una mujer, D.ª Pilar Díaz Peñalber y nuestra Asociación celebra una mesa redonda titulada «La Promoción de la Mujer», cuya crónica se recoge en el Boletín de la A. C. N. de P. del mes de mayo, número 930, con la

---

39   Boletín A. C. N. de P. de febrero de 1972, pp. 25-27.

participación de D.ª María Dolores de Asís, profesora de la Facultad de Ciencias de la Información y directora de la Revista *Crítica*; D.ª María Jiménez Bermejo, abogada y escritora (Secretaria Nacional de Promoción de la Mujer de la Asociación); D.ª Concepción Pérez Zalabardo, directora del Colegio Mayor Universitario Nuestra Señora de la Almudena; D.ª Josefina Meléndez de López-Cepero, licenciada en Ciencias Políticas; D. Mariano López-Cepero, presidente del Instituto de la Juventud; D. José Ferrandis Vitella, profesor de Derecho Civil de la Facultad de Derecho de la Universidad Complutense, y D. Juan Luis de Simón Tobalina. En dicha mesa redonda se hace hincapié sobre la preocupación de los últimos Papas de una legislación justa. Las conclusiones de esta mesa redonda son:

> La postura que reclama para la mujer una legislación que establezca relaciones de igualdad de derechos y de respeto a su dignidad se encuentra dentro del espíritu cristiano y católico. La legislación española, concretamente el Derecho civil, necesita una reforma total que establezca el Derecho de familia sobre una concepción paritaria. La verdadera promoción de la mujer no se podrá conseguir sin una mentalización de la sociedad que la haga tomar conciencia de esta promoción y sin una toma de conciencia de la mujer misma realizada mediante una promoción cultural y profesional. Los medios de comunicación de masas no están dando la imagen de la mujer nueva de los tiempos actuales.

El día 22 de julio de 1975, durante la Asamblea General de la Asociación, se plantea en la Mesa Coloquial «Ante el futuro de la Asociación Católica de Propagandistas», el tema de «Respuestas asociativas a la juventud y a la mujer» cuyo ponente es el Sr. Navarro. En el texto que se recoge en el Boletín número 3 de la A. C. de P. II época, se enumeran siete propuestas que podemos resumir:

1. Igualdad de respuesta hombre y mujer. Redención de la mujer.
2. Integración plena de la mujer en la Asociación.
3. Contribuir a la desalineación, ayudando a la mujer a tomar conciencia.

4. Acceso de la mujer a la formación cultural y profesional.
5. Posibilidad de establecer casas-cuna o guarderías.
6. Fomentar la reforma de las leyes que discriminen de algún modo a la mujer.
7. Fomentar la participación de la mujer en la vida de la Asociación[40].

En este año 1975 se celebran siete reuniones del Consejo Nacional en febrero, marzo, abril, julio, septiembre, noviembre y diciembre. En la reunión del cinco de julio se admite como nueva socia del centro de Cáceres a D.ª Felisa Leal García, de la que no tenemos ninguna información, y en la reunión del 20 de diciembre se admite a D.ª M.ª Carmen Ballester Agustín y a D.ª M.ª Dolores Lainez Vassallo del centro de Madrid.

Al año siguiente 1976 son ocho reuniones las que se celebran del Consejo Nacional en enero, febrero, abril, junio (se celebran dos), septiembre, octubre y noviembre. En la reunión del día tres de abril se admite como nueva socia a D.ª Pilar Dhaura Palud Gracia, y se da de baja en la reunión del dieciocho de septiembre. En la reunión del 23 de octubre de 1976 se admite a D.ª Carmen Jiménez Gutiérrez y D.ª Asunción Silos Millán del centro de Cáceres. En el Boletín número 3 de la A. C. de P. de este año 1976 aparece relatado un Círculo de Estudios denominado «Situación Jurídica de la Mujer Casada después de la reciente reforma de los Códigos», cuyo ponente es D. Jaime Cortezo y Velázquez Duro.

---

40   Boletín de la A. C. de P. número 3 de la II época (1975).

En el año 1977 se celebran en enero, marzo, julio, septiembre, octubre, noviembre y diciembre. En la reunión del 7 de mayo de 1977 del Consejo Nacional se aprueba la admisión de D.ª Concepción Bermejo Jiménez del centro de Murcia. De todas las mujeres que son dadas de alta por el Consejo Nacional en los años 1975, 1976 y 1977 sólo se tienen datos de D.ª M.ª Carmen Ballester Agustín y D.ª Carmen Jiménez Gutiérrez (su solicitud de admisión se puede observar en la Imagen 14). Sin embargo, hemos localizado el nombre de D.ª Conchita Sarabia como consejera local del centro de Murcia y de D.ª Cristina Sarabia Bermejo como bibliotecaria del citado centro de Murcia[41], elegidas ambas en la reunión de la asamblea local del centro, celebrada el día 2 de noviembre de 1977.

---

41   Boletín de la A. C. de P., número 1, del año 1978.

El Consejo Nacional se reunió en el año 1978 ocho veces en febrero, marzo, abril, mayo, julio, septiembre, octubre y noviembre sin admitir a ninguna mujer. En 1979 se reunió en febrero, marzo, abril, mayo, julio, octubre y noviembre. En la reunión del 26 de mayo se admite a D.ª M.ª Luisa Peso Malagón del centro de Murcia y en la del 14 de julio se admite a D.ª Carmen López María del centro de Madrid. En el año 1980 el Consejo Nacional se reúne seis veces en febrero, marzo, abril, mayo, julio y noviembre y no se admiten mujeres. No se tiene ninguna información de ninguna de las mujeres admitidas en este trienio (1978-1980).

GRÁFICO **1.** Años de inscripción de las primeras mujeres propagandistas en la **ACDP** con el número de centros que las incorporan cada año.

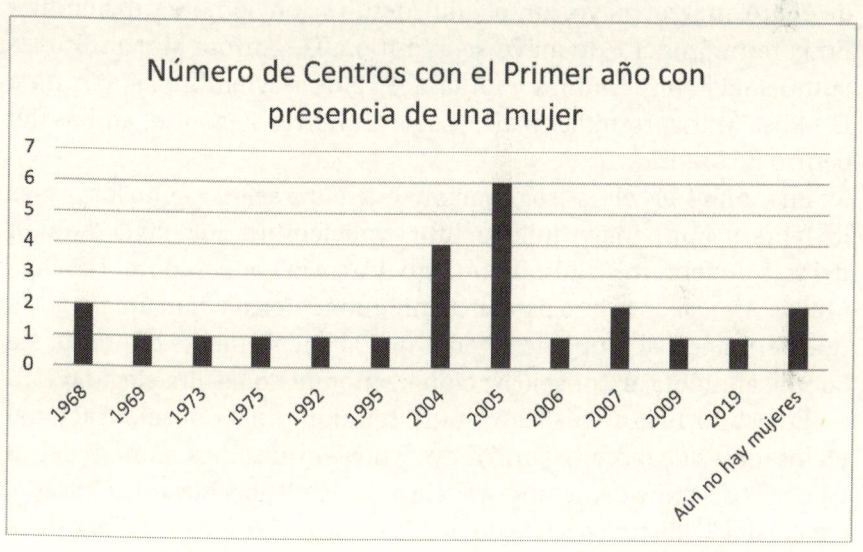

En el año 1981 se realizan ocho reuniones del Consejo Nacional en enero, marzo, abril, mayo, junio, septiembre, octubre y diciembre. En la reunión del 31 de enero se admite a D.ª M.ª Belén Martínez Gutiérrez y en la del 9 de mayo se admite a D.ª M.ª Ángeles Plágaro Aróstegui del centro de Pamplona, D.ª Carmen Rivas García del centro de Madrid, y a D.ª M.ª José Sáez López-Barrantes del centro de

Badajoz. En la reunión del 27 de junio de 1981 pasa a ser socia activa D.ª Arminda Luengo Fernández, y el Consejo Nacional acuerda que a partir de este momento, al admitir a un nuevo socio se le haga primero cooperador por unos meses antes de pasar a socio activo. En la reunión del 31 de octubre se admite a D.ª Isabel Asensio Andrés. Solo se tiene algo de información de D.ª M.ª Ángeles Plágaro y de D.ª M.ª José Sáez que ya estaban admitidas como socias activas.

En 1982 el Consejo Nacional se reúne siete veces en febrero, abril, junio, julio, septiembre, octubre y diciembre. En la reunión del 6 de febrero se acuerda el pase a socio cooperador de D.ª Arminda Luengo Fernández y D.ª M.ª de los Ángeles Plágaro Aróstegui.

El Consejo Nacional se reunió ocho veces el año 1983 en los meses de enero, marzo, mayo, junio, julio, octubre, noviembre y diciembre. En la reunión del 7 de mayo se admitió a D.ª Aurora Martín Brozas como socia cooperadora y en la del 12 de noviembre se admite a D.ª Rosa María Arenillas y a D.ª Luisa Gutiérrez Regodón, ambas del centro de Madrid.

En el año 1984 el Consejo Nacional se reúne seis veces en los meses de febrero, abril, mayo, julio, octubre y diciembre. Sólo en la reunión del tres de febrero se admite una nueva socia cooperadora, D.ª Olga Martín Alonso de la que no consta ninguna información, únicamente que pertenecía al grupo de jóvenes que al año siguiente es propuesta como candidata al Consejo Nacional, aunque no resulta elegida[42].

En el año 1985 se realizan cuatro reuniones del Consejo Nacional en los meses de febrero, abril, mayo y noviembre. En la reunión del 13 de abril se admite como nueva socia a D.ª M.ª Isabel Blázquez Rosado, y en la del 25 de mayo se da de baja a D.ª Isabel Asensio Andrés, de la que no se tiene información. En esta misma reunión pasan a ser socias activas D.ª Nieves Morales Morales, D.ª Rosa Maria Arenillas, D.ª Carmen Rivas García, D.ª M.ª Luisa Gutiérrez Regodón.

En 1986 se celebran ocho reuniones del consejo nacional en enero, marzo, abril, mayo, junio, septiembre, octubre y noviembre en las

---

42   Boletín Informativo de la A. C. de P. y de la Fundación Universitaria San Pablo CEU número 23 correspondiente al año 1985.

que no se admite a ninguna mujer. Sin embargo, en la asamblea local extraordinaria del centro de Madrid, celebrada el día 20 de febrero de 1986 se eligen diecinueve consejeros locales, dentro de los cuales se encuentran dos mujeres, D.ª María Jiménez Bermejo y D.ª Conchita Llaguno Marchena[43].

En el año 1987 el Consejo Nacional se reúne 8 veces los meses de enero, marzo, mayo, junio, septiembre, octubre y diciembre. Sólo en la reunión del 24 de octubre se admite a cuatro mujeres, D.ª M.ª Elda Duñaiturria Yarte, D.ª Ana María Roldán Lázaro, D.ª María Rosa Roldán Lázaro y D.ª Almudena Sáez López-Barrantes.

El Consejo Nacional se reúne siete veces en el año 1988 los meses de febrero, marzo, mayo, julio, septiembre, noviembre y diciembre sin admitir a ninguna mujer. Sin embargo, este año se recoge en el Boletín de la A. C. de P. y de la Fundación Universitaria San Pablo CEU la carta apostólica del Papa *Mulieris Dignitatem* publicada en este año mariano por el Papa san Juan Pablo II, para que, como decía el

---

43 Boletín de la A. C. de P. y de la Fundación Universitaria San Pablo CEU, número 26 del año 1986.

mensaje final del Concilio Vaticano II, «ha llegado la hora en que la vocación de la mujer se cumple en plenitud, la hora en que la mujer adquiere en el mundo una influencia, un peso, un poder jamás alcanzado hasta ahora».

GRÁFICO 2. NÚMERO DE MUJERES ADMITIDAS CADA AÑO EN LA ACdP.

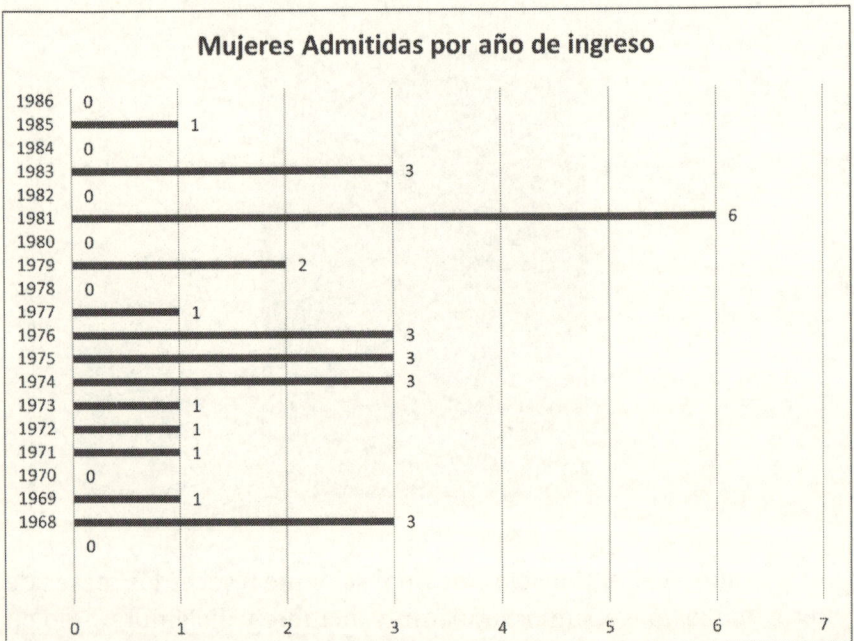

En 1989 el Consejo Nacional realizó ocho reuniones en febrero, marzo, mayo, junio septiembre, octubre, noviembre y diciembre, donde no se admiten mujeres.

En la década de los años 90 del siglo pasado se han admitido un total de veinte mujeres en la Asociación Católica de Propagandistas, aunque en los años 1990 y 1991 no se admitió a ninguna mujer. En las reuniones del Consejo Nacional celebradas el 31 de octubre de 1992 (D.ª M.ª Luisa Fernández de Soto Blass, del centro de Madrid, D.ª Pilar Díaz-Fierros Viqueira y D.ª M.ª Elena Gómez Vaamonde ambas del centro de Valladolid), el 6 de febrero de 1993 (D.ª M.ª José Baselga

Foster, D.ª M.ª José Pou Amérigo y D.ª Begoña Echaverría LLombart del centro de Valencia), el 27 de marzo de 1993 es admitida D.ª Laura Ochoa Esteve del centro de Madrid, y el 23 de octubre de 1993, D.ª Desamparados Llombart Bosch del centro de Valencia. En el año 1994, de las nueve reuniones que celebra el Consejo Nacional, sólo en las del 23 de julio se admiten dos mujeres propagandistas del centro de Madrid, D.ª M.ª Luisa Padilla Carrión y D.ª M.ª Alcalá-Santaella Oria de Rueda, y en la del 3 de diciembre a D.ª M.ª Soledad Iglesias Vega del centro de Valladolid.

GRÁFICO 3. NÚMERO DE HOMBRES Y MUJERES ADMITIDOS CADA AÑO EN LA ACDP.

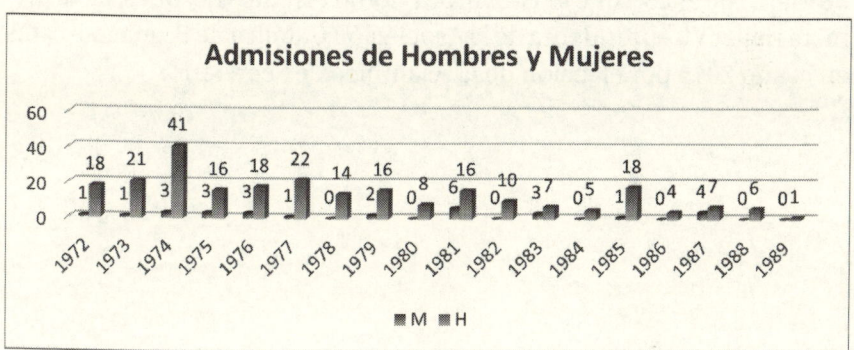

En el año 1995 se admite como propagandista aspirante, en la reunión del Consejo Nacional del 13 de mayo, a D.ª Josefina Sols Lúcia, del centro de Barcelona, que pasará a propagandista activa en la reunión del año siguiente del 21 de septiembre. En este año 1995 se realiza una importante Mesa Redonda el 16 de noviembre, de la que se informa en la reunión del Consejo Nacional celebrada el 2 de diciembre siguiente, donde las ponencias son impartidas por mujeres. La primera se titula «La mujer y el Derecho» impartida por D.ª Avelina Alonso Escamilla y D.ª Valle Labra de Rubio, segunda ponencia titulada «La mujer y la Ciencia» es impartida por la propagandista del centro de Madrid, D.ª Concepción Llaguno Marchena. La tercera y última ponencia «Los Medios de Comunicación» es impartida por D.ª Isabel Sánchez Redondo.

En el año 1996 se admite en la reunión del Consejo Nacional del 20 de enero a D.ª M.ª Carmen Estévez Tabera y en la reunión del 13 de julio pasa a cooperadora D.ª M.ª Isabel Vicente Jordana, de la que no hemos encontrado ninguna inscripción anterior. Sin embargo, en el Consejo Nacional del 1 de marzo de 2003 aparece la noticia de su fallecimiento como perteneciente al centro de Zaragoza. Ninguna de estas dos mujeres figura en la base de datos de la Asociación. En 1997 no se admite a ninguna nueva mujer como propagandista aspirante. Hay que esperar al 19 de mayo de 1998 donde se admite a D.ª María Isabel Martínez Torre-Enciso[44] del centro de Madrid, que pasará a ser socia activa el 2 de marzo de 2003 y que se convertirá, como veremos después, en la primera mujer Vicepresidenta de la Asociación Católica de Propagandistas en el año 2015 por elección de la Asamblea de Secretarios.

---

44 A D.ª M.ª Isabel Martínez Torre-Enciso siempre la llamamos Marisa, nombre que es el que a ella le gusta, y así la denominaremos en las siguientes páginas.

Año	Centros que incorporan mujeres propagandistas
1968	Madrid y Murcia
1969	Málaga
1973	Valencia
1975	Cáceres
1981	Badajoz
1992	Valladolid
1995	Barcelona
2004	Pamplona, San Sebastián, Toledo y Talavera
2005	Bilbao, Cádiz, Castellón, Jerez, Santander y Santiago
2006	Asturias
2007	Alicante y Zaragoza
2009	Sevilla
2019	Guadix

De las siete veces que se reúne el Consejo Nacional en el año 1999, sólo en la reunión del 18 de septiembre se admiten cinco mujeres. Esta vez son todas del centro de Madrid: D.ª Beatriz Badorrey Martínez, D.ª Mariela Moldovan Feier, D.ª Aura-Teodora Moldovan Feier, D.ª Laura Sanz Martín y D.ª Carla Diez de Rivera Pérez de Herrasti. Todas ellas figuran en el acta de la citada reunión del Consejo Nacional, sin embargo, sólo consta en la base de datos de la ACdP, D.ª Carla Diez de Rivera, que pasó a ser socia activa en enero del año 2001 y Consejera Nacional del año 2002 al 2006, pasando en el año 2020 a ser Vicesecretaria del centro de Madrid.

En el Gráfico 1 se puede observar en cada año el número de centros que incorporan mujeres por primera vez, teniendo en cuenta que el centro de Córdoba y el núcleo de Santa Cruz de Tenerife no tienen en la actualidad, ni han tenido nunca, ninguna mujer propagandista. En el Gráfico 2 aparece pormenorizado el número de mujeres que se incorporan cada año a la Asociación Católica de Propagandistas, y en el Gráfico 3 se presenta el número de hombres y mujeres admitidos cada año en la Asociación para poder comparar. De la misma forma, en la Tabla 2 se observan en cada año la incorporación de la mujer a los distintos centros.

Capítulo 7

Primeras mujeres propagandistas

A continuación, se relacionan por orden alfabético, las primeras veintitrés mujeres que se inscriben como propagandistas antes de la década de los años noventa y de las que consta algún dato biográfico. A partir de 1991 la aceptación de mujeres en la Asociación Católica de Propagandistas se produce ya como algo más habitual.

D.ª **Rosa María Arenillas López** nació el 22 de julio de 1941, y es licenciada en Bellas Artes, y esposa de D. Manuel Gonzalo González, ingresaron ambos como socios cooperadores el 12 de noviembre de 1983, pasaron ambos a ser socios activos el 13 de abril de 1985 y de nuevo pasaron a socios cooperadores el 8 de mayo de 2010.

D.ª M.ª **Carmen Ballester Agustín** nacida el 15 de enero de 1946 y licenciada en Derecho, solicita su ingreso con fecha uno de diciembre de 1975, que es aceptado en la reunión del Consejo Nacional celebrada el 20 de diciembre de 1975, lo que se le comunica el 5 de enero del año siguiente, con una carta del Presidente, D. Abelardo Algora. En la misma fecha también ingresa su esposo, D. Arturo Usera González, y ambos reciben juntos la insignia el día 12 de junio de 1976. D.ª M.ª Carmen Ballester pasa a cooperadora con fecha 21 de marzo de 2014, y su esposo el 2 de junio de 2017.

D.ª M.ª **José Baselga Fúster** licenciada en CC. de la Información, fue admitida como socia activa del centro de Valencia, en la reunión del Consejo Nacional celebrado el 6 de febrero de 1993, recibiendo la insignia el 24 de septiembre del mismo año y pasando a cooperador el 23 de octubre de 2010 y de nuevo a activo el 3 de marzo de 2012.

D.ª Concepción Bermejo Jiménez, de la que apenas hemos encontrado alguna información. Sabemos que era consejera nacional en los años 1980 y 1981. Además, era Secretaria del centro de Murcia en el año 1981[45].

D.ª M.ª Isabel Blázquez Rosado nacida el 12 de junio de 1949 es admitida el 13 de abril de 1985 pasando a ser socia activa el 10 de mayo de 2003 imponiéndole la insignia en Madrid el 28 de junio de 2003, y recibiendo la medalla de plata por sus veinticinco años en la Asociación, el 8 de diciembre de 2010. Elegida Consejera Nacional en 2005, falleció el 21 de junio de 2017.

D.ª Pilar Díaz-Fierros Viquera nació el 26 de mayo de 1944 es licenciada en Filosofía y Letras y catedrática de Instituto de Enseñanza Media. Fue admitida como socia activa del centro de Valladolid en el Consejo Nacional celebrado el 31 de octubre de 1992. Se le impuso la insignia el 24 de septiembre de 1993.

D.ª M.ª Elda Duñaiturria Yarte, de la que solo tenemos información de su titulación como licenciada en Geografía e Historia y profesora del Colegio de Claudio Coello, que ingresó en la Asociación en la reunión del Consejo Nacional celebrada el 24 de octubre de 1987. Falleció el 25 de junio de 1999, óbito del que se informó en la reunión del Consejo Nacional celebrada el 18 de septiembre de 1999.

D.ª M.ª Elena Gómez Vaamonde nació el 24 de abril de 1943, licenciada en Farmacia, fue admitida como socia activa del centro de Valladolid en el Consejo Nacional celebrado el 31 de octubre de 1992, pasando a cooperadora el 4 de julio de 2009 y volviendo a ser socia activa el 8 de octubre de 2010. Se le impuso la insignia el 24 de septiembre de 1993.

D.ª Luisa Gutiérrez Regodón nació el 25 de agosto de 1933, es licenciada en Pedagogía y fue admitida como socia cooperadora junto con su marido D. Eloy Parra Abad el 12 de noviembre de 1983, en el centro de Madrid, pasando a activos ambos el 13 de abril de 1985, volviendo

---

45   Hay una nota con el fallecimiento de su marido en el acta de la reunión del Consejo Nacional celebrada el 27 de junio de 1981. Asiste a las reuniones del Consejo Nacional el 1 noviembre de 1980, el 7 de marzo de 1981 y 31 de octubre de 1981.

a cooperadores el 4 de septiembre de 1996 y dándoles de baja el 31 de marzo de 2022, sin haber podido contactar con ellos.

D.ª Begoña Echevarría Llombart nació el 22 de febrero de 1966, licenciada en CC. de la Comunicación, fue admitida como socia activa del centro de Valencia, en la reunión del Consejo Nacional celebrado el 6 de febrero de 1993, recibiendo la insignia el 24 de septiembre del mismo año y pasando a cooperador el 23 de octubre de 2010 y de nuevo a activo el 3 de marzo de 2012. El 28 de abril de 2012 fue nombrada Vicesecretaria del centro de Valencia.

D.ª María M. Jiménez Bermejo, es la primera mujer admitida en la Asociación Católica de Propagandistas, en el centro de Madrid, de la que se tiene constancia, de ella se sabe su fecha de nacimiento el 19 de septiembre de 1930, que en la fecha que ingresa en la ACdP como socia inscrita activa, en la reunión del Consejo Nacional celebrada el 1 de junio de 1968, del centro de Madrid, estaba casada y era licenciada en Derecho y Ciencias Sociales y funcionaria del Ministerio de Obras Públicas. Publica artículos sobre mujeres en varias revistas como *Mundo Social* y *Hogar 2000*. En el Consejo Nacional celebrado el 29 de junio de 1971 pasa de socia inscrita activa a numeraria activa, lo que se le comunica con fecha 14 de julio del mismo año y recibe la insignia en la Asamblea celebrada en octubre de 1971[46].

---

[46] Se ha encontrado en el archivo una relación pasada a máquina y con algunos nombres manuscritos de los propagandistas a los que se les impuso insignia y otros que renovaron su promesa en la Asamblea General celebrada en 1971 y también en una relación de los propagandistas que tienen derecho a voto para elección del Presidente de la ACdP.

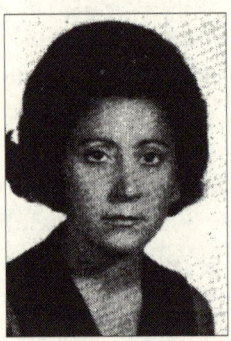

Se conserva, en el archivo de la Asociación Católica de Propagandistas, alguna correspondencia con el centro de Madrid, como la que le envía el 26 de septiembre de 1969, D. Fernando Guerrero, invitándola a participar en el Círculo de Estudios «Los Laicos en el mundo de hoy», con el tema «Promoción de la mujer en la vida moderna», lo que después de algunos cambios se celebra el 19 de noviembre con gran éxito, ya que D. Fernando Guerrero le vuelve a escribir el 23 de noviembre agradeciéndole y felicitándola por su magnífica intervención en el círculo, pues había gustado mucho a todos los asistentes. Incluso le habla de la idea de un curso sobre la mujer que podría realizarse[48]. En enero de 1970 se publicita su libro titulado *Suecia. Un modelo de economía de mercado de base igualitaria*, publicado en el centro de Estudios Universitarios, en el Boletín de la A. C. N. de P. de enero. En la Imagen 16 se encuentra la carta que dirige D.ª María Jiménez al Secretario del centro de Madrid, D. Alfonso Ibáñez de Aldecola. El Presidente, D. Abelardo Algora Marco, la nombra Secretaria del «Secretariado Nacional de Promoción de la mujer» el 31 de octubre de 1971, nombramiento que se le envía con fecha 16 de noviembre. Participó en la Asamblea

---

47 Boletín de la A. C. N. de P. de junio 1971, n.º 895.

48 En la Memoria del centro de Madrid, del curso 1970-71 dentro de la relación de círculos de estudios realizados los jueves aparece el de la ponente D.ª María Jiménez Bermejo, sobre el tema de «Promoción de la mujer en la vida moderna».

de Secretarios que se celebró el doce de diciembre de 1971 con un informe correspondiente a su secretariado. Al año siguiente, en enero de 1972, el Presidente la propone a D. Licinio de la Fuente, Ministro de Trabajo, para que la incluya en la Comisión Nacional de Trabajo de la mujer, que acababa de crear el Ministerio. Este mismo mes de enero D.ª María Jiménez escribe a los Secretarios de todos los centros de la Asociación para recabar información con el fin de elaborar un informe que refleje la preocupación de los propagandistas sobre la realidad social del trabajo femenino en cada provincia: falta de igualdad en la retribución, condiciones insalubres o injustas… Este informe se presentó en la Asamblea General que se celebró el día 2 de julio de 1972. Además de algunas cartas con convocatorias a reuniones, en su expediente se encuentra la convocatoria para participar en la mesa redonda que se celebró el 13 de marzo de 1980, con el tema «Consideraciones doctrinales sobre el divorcio matrimonial». Lo último que se sabe de ella es que el día uno de junio de 2002 pasó a ser socio cooperador, recibiendo la medalla de los cincuenta años en la Asociación el 20 de octubre de 2018, al finalizar la CVI Asamblea General de la Asociación.

María Jiménez Bermejo   Madrid, 27 de agosto de 1971.
Sr.D. Alfonso Ibáñez de Aldecoa
Secretario del Centro de Madrid. A.C.N.de P.
Madrid.
Distinguido amigo:

    Tras el paréntesis de las vacaciones y a mi vuelta a casa,
me he encontrado con la gratísima sorpresa de mi nombramiento como socio
Numerario Activo de la A.C.N. de P. Es una distinción que, sin duda no me-
rezco y me ha planteado el problema de si sabré dignamente pertenecer a la
Asociación. No obstante, acepto agradecida y confío en que, aunque sea a -
trompicones sea capaz de cumplir todas las exigencias que ello implica.

    Adjunto a esta carta envío las fichas rellenas con mi solicitud
de asistencia a la tanda de Ejercicios Espirituales a celebrar en Ávila.

    Mucho agradezco la distinción que me ha sido concedida. Reciba
un cordial saludo,

D.ª **Carmen Jiménez Gutiérrez** nacida el día 3 de septiembre de
1920, soltera, auxiliar de clínica, Dama de la Cruz Roja y Dama de Sa-
nidad Militar firmó su solicitud para socia de la ACdP el día 14 de enero
de 1976 en el centro de Cáceres que la envía a Secretaría General el 5
de octubre de 1976 y queda aprobada por el Consejo Nacional el 23 de
octubre de 1976, lo que se le comunica con fecha 8 de diciembre del
mismo año. Se le impuso la insignia en Cáceres el 25 de octubre de 1976.

D.ª **Concepción Llaguno Marchena** nació el 21 de octubre de 1925, era doctora en ciencias químicas, profesora de investigación en el Consejo Superior de Investigaciones Científicas, del cual llegó a ser Vicesecretaria General. Se admitió como socia inscrita en la reunión del Consejo Nacional del 30 de junio de 1972. Pasó a ser Socia Numeraria Activa en la reunión del Consejo Nacional celebrada el 24 de junio de 1973, lo que se le comunicó el 3 de septiembre del mismo año, recibiendo la insignia el 16 de junio del año siguiente. En el año 1975 es elegida consejera local del centro de Madrid[49], constando en acta que asistió a la reunión del Consejo Nacional celebrado en Madrid el 23 de octubre de 1976, aunque suponemos que fue invitada a dicha reunión. Fue elegida consejera nacional en la Asamblea General celebrada el 29 de junio de 1979, en dicha Asamblea presentó una ponencia sobre «El

---

49   Según consta en el cuarto Boletín de la A. C. de P. del año 1975 donde se relatan las elecciones
      locales del centro de Madrid.

compromiso de la ACdP y su inserción en el mundo», en cuyo tema venía trabajando desde 1976. Fue invitada por el Presidente, D. Abelardo Algora para participar en el Gabinete de Presidencia. Asistió regularmente a todas las reuniones del Consejo Nacional celebradas en 1980, 1981, 1982 y 1983. Solicitó su baja a petición propia el 6 de febrero de 1997. Falleció en 2010, siendo la noticia publicada en el periódico *El País* del día 9 de octubre como necrológica de mujer científica y gran comunicadora. Fue una científica notable en el Área de la Tecnología de Alimentos. Sus investigaciones más destacadas pertenecen a los comienzos de la actual biotecnología y se enmarcaban en el ámbito de la fermentación alcohólica y en particular del metabolismo de las llamadas «levaduras de flor».

D.ª Olga Martín Alonso socia admitida como cooperadora en el Consejo Nacional del tres de febrero de 1984, no consta ninguna información de ella excepto que fue invitada al Consejo Nacional del 2 de febrero de 1985, donde en su acta se recoge «La Srta. Martín Alonso, encargada de las tareas administrativas del C.C.U., se refiere a la idea inicial de que las personas que colaboren con el centro queden vinculadas a la A. C. de P. y al C.E.U.».

IMAGEN **19.** D.ª ELENA MORENO RECIBIENDO LA MEDALLA DE LOS **25** AÑOS EN LA ACDP.

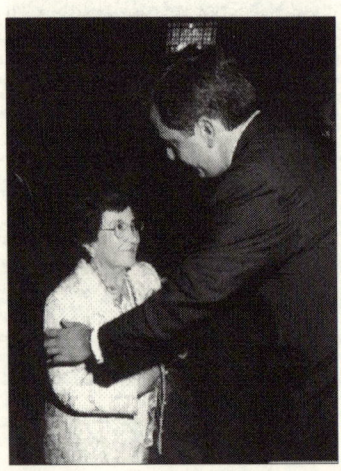

D.ª Elena Moreno López nació el 18 de diciembre de 1929. En la fecha de ingreso en la Asociación, aprobada en el Consejo Nacional realizado el 13 de diciembre de 1969, contaba con casi cuarenta años, estaba soltera y era maestra de primera enseñanza y licenciada en Filosofía y Letras. En el archivo se ha encontrado su solicitud firmada por ella el de 3 noviembre de 1969, y presentada en el centro de Málaga de la ACdP el día 10 de noviembre, dicha solicitud llega a la Secretaria General en Madrid el día 17 de noviembre. En esa fecha trabajaba como profesora de instituto de educación media e inspectora de enseñanza primaria, además de colaborar con la juventud de Acción Católica, y en particular con las mujeres. Es admitida como socia inscrita activa en la reunión del Consejo Nacional celebrada el día 13 de diciembre de 1969, lo que se le comunica el día 16 del mismo mes. En la reunión del Consejo Nacional del 24 de junio de 1973 pasa ser socia numeraria activa, lo que se le comunica el día 3 de septiembre del mismo año. El día uno de diciembre del año siguiente pasa a ser socia cooperadora debido a la cantidad de actividades que lleva como representante regional de Acción Católica General. Sin embargo, el día 5 de junio de 2004 vuelve a ser de nuevo activa, y el 11 de noviembre es nombrada Secretaria del centro de Málaga, centro recién creado en junio del mismo año, véase la carta manuscrita del 1 de noviembre de 2004 en la Imagen 21. Finaliza como Secretaria del centro de Málaga el 13 de abril de 2009 (en la Imagen 20 se la puede ver junto con el Presidente D. Alfredo Dagnino en un acto en Málaga).

Se le impone la medalla de los 25 años con fecha 25 de junio de 2005 (en la Imagen 19 se puede ver al Presidente D. Alfonso Coronel de Palma imponiéndole la insignia), pues los años anteriores no había podido venir a la Eucaristía correspondiente. Falleció el día 27 de julio de 2014.

D.ª **Ángela Payá Asensio** nació el 31 de mayo de 1935 y era la esposa de D. Antonio Pérez Crespo, Secretario del centro de Murcia. Su solicitud como socia inscrita activa se aprueba en la reunión del Consejo Nacional celebrada en noviembre de 1968 y pasa a ser socia Activa en el Consejo Nacional celebrado el 24 de junio de 1973, lo que se le comunica en septiembre del mismo año. Falleció el 4 de julio de 2010.

D.ª M.ª de los Ángeles Plágaro Aróstegui nació el 4 de febrero de 1959, es licenciada en derecho ejerciendo la abogacía y es esposa del propagandista D. Fernando Quintana de Uña, es admitida como socia activa del centro de Pamplona junto con su marido el 9 de mayo de 1981 y pasan ambos a cooperadores el 6 de febrero de 1982.

D.ª Ana María Roldán Lázaro, sólo se tiene información de que fue admitida como socia activa junto con su hermana María Rosa en la reunión del Consejo Nacional celebrada el 24 de octubre de 1987.

D.ª María Rosa Roldán Lázaro licenciada en Farmacia, fue admitida como socia activa del centro de Madrid, en la reunión del Consejo Nacional celebrada el 24 de octubre de 1987, se le impuso la insignia el 23 de septiembre de 1988 y pasó a cooperadora el 3 de julio de 2010.

D.ª Almudena Sáez López-Barrantes licenciada en Derecho fue admitida como socia activa del centro de Madrid, en la reunión del Consejo Nacional celebrada el 24 de octubre de 1987, pasando a cooperadora al día siguiente.

D.ª M.ª José Sáez López-Barrantes del centro de Badajoz es admitida como socia activa el día 9 de mayo de 1981 en la reunión del Consejo Nacional. Pasa a cooperadora el 6 de febrero de 1982, y se traslada al centro de Madrid en el Consejo Nacional celebrado el 9 de septiembre de 2021.

D.ª Mari-Juana Tio Spuche, del centro de Murcia, de 53 años, enfermera diplomada y casada con el propagandista activo del centro de Murcia, D. José M.ª Tomás y Soriano. Se le comunica con su admisión con fecha 30 de junio de 1971. Pasa a ser socia activa en la reunión del Consejo Nacional del 9 de noviembre de 1973, y se le impone la insignia el 16 de junio de 1974. El día 21 de octubre de 2006 se le impuso la medalla de los 25 años en la Asociación. Falleció de una larga enfermedad a principios del mes de septiembre de 2008.

D.ª Sofía Vidaurrazaga Zimmermann, es la segunda propagandista que se incorpora en la Asociación, a la vez que D.ª María Jiménez Bermejo. Se sabe que había nacido en 1927 por lo que cuando entra en el centro de Madrid en el año 1968 cuenta con 41 años. Era licenciada en

Ciencias Sociales y Filosofía y Letras, Auxiliar de la Escuela Oficial de Publicidad, Profesora de la Escuela de Asistentes Sociales de la Gasca y Jefe del Departamento de análisis de Barriada y Vida. Pasa a ser socia activa en el Consejo Nacional del 24 de junio de 1973, lo que se le comunica con fecha 3 de septiembre del mismo año. Por estas fechas es nombrada Secretaria del centro de Psicología Dinámica Oskar Pfister, ya que según dice ella misma es psicóloga, socióloga y tiene consulta privada. En el Consejo Nacional del 17 de mayo de 1974 pasa a ser socia colaboradora, en diciembre de 1983, por lo que ella misma considera que no puede asistir a algunas de las reuniones de la Asociación, lo que le comunica por escrito al propio Presidente, D. Abelardo Algora Marco, en diciembre de 1983. Se conserva algo de su correspondencia con la Asociación, pero a partir de octubre de 1986 no se tiene constancia de ella y la correspondencia que se le envía es devuelta por correos.

Centro	Primer año con presencia de una mujer por primera vez
Alicante	2007
Asturias	2006
Badajoz[50]	1981
Barcelona	1995
Bilbao	2005
Cáceres	1975
Cádiz	2005
Castellón	2005
Córdoba	---
Guadix	2019
Jerez de la Frontera	2005
Madrid	1968
Málaga	1969
Murcia	1968
Pamplona	2004
San Sebastián	2004
Santa Cruz de Tenerife (núcleo)	---
Santander	2005
Santiago de Compostela	2005
Sevilla	2009
Talavera de la Reina	2004
Toledo	2004
Valencia	1973
Valladolid	1992
Zaragoza	2007

50   El centro de Badajoz de la ACdP ya no existe.

En la Tabla 3 se pueden observar los centros de la Asociación Católica de Propagandistas, por orden alfabético, con el año en el que se incorpora al centro por primera vez una mujer. Hay que tener en cuenta que el centro de Córdoba y el núcleo de Santa Cruz de Tenerife no han incorporado ninguna mujer. También es importante tener en cuenta que el centro de Guadix se creó en el año 2019.

Capítulo 8

Las mujeres propagandistas en la actualidad

Para una mejor visualización de la cantidad de mujeres propagandistas en el primer cuarto del siglo XXI podemos observar en la Tabla 4 el porcentaje de mujeres propagandistas en cada uno de los centros en la actualidad (año 2023) en cada una de las categorías (activos, aspirantes y cooperadores).

TABLA 4. PORCENTAJE DE MUJERES PROPAGANDISTAS EN 2023 POR CADA CENTRO.

Centro	Activas %	Aspirantes %	Cooperadores %	% total Mujeres
Alicante	46	100	0	53
Asturias	22	100	50	33
Barcelona	9	33	0	9
Bilbao	20	0	0	20
Cáceres	38	0	40	36
Cádiz	25	0	0	22
Castellón	15	0	0	14
Córdoba	0	0	0	0
Guadix	14	0	0	13
Jerez de la Frontera	33	50	0	29
Madrid	17	9	18	16
Málaga	67	0	33	50
Murcia	33	0	50	40
Pamplona	20	100	50	38
San Sebastián	50	0	0	50

Santa Cruz de Tenerife (núcleo)	0	0	0	0
Santander	25	33	0	22
Santiago de Compostela	60	100	0	57
Sevilla	4	0	0	4
Talavera de la Reina	25	0	50	27
Toledo	88	100	0	78
Valencia	31	0	0	27
Valladolid	20	0	33	23
Zaragoza	43	0	0	30

Como estamos comprobando la mujer se incorpora a la Asociación Católica de Propagandistas poco a poco: cuatro mujeres en la década de los años 1960, quince en la década de los años 70, doce en la siguiente década y veinte en la última década del siglo xx. Es decir que, en el pasado siglo, se incorporaron aproximadamente treinta y cinco mujeres. En 2022 este número ha llegado a ser de 108 mujeres propagandistas de un total de 531 socios, es decir que las mujeres son un poco más de la quinta parte (20,34%) de los propagandistas como puede verse en la Tabla 5.

Tabla 5. Censo ACdP 2022.

Centro	Nº de Mujeres sobre Total de propagandistas en el centro	% mujeres propagandistas
Alicante	6 de 15	40
Asturias	4 de 12	33
Barcelona	3 de 34	8,8
Bilbao	1 de 5	20
Cáceres	6 de 13	46
Cádiz	5 de 23	22
Castellón	2 de 13	15
Ciudad Real (núcleo)	0 de 1	0
Córdoba	0 de 6	0
Granada (núcleo)	0 de1	0
Guadix	1 de 8	12
Jerez de la Frontera	3 de 13	23
Madrid	31 de 219	14
Málaga	4 de10	40
Murcia	2 de 9	22
Pamplona	3 de 8	37
San Sebastián	4 de 8	50
Santa Cruz de Tenerife (núcleo)	0 de 1	0
Santander	1 de 8	12
Santiago de Compostela	4 de 7	57
Sevilla	1 de 29	3
Talavera de la Reina	3 de 10	30
Toledo	7 de10	70
Valencia	11 de 42	26
Valladolid	4 de 15	26
Zaragoza	2 de11	18
	108 de 531	20,34%

En 2023, los tres centros de la ACdP con mayor porcentaje de mujeres propagandistas son Toledo, Santiago de Compostela, y Alicante. El centro con mayor porcentaje de mujeres propagandistas en la actualidad es el centro de Toledo que tiene casi un 80% de mujeres, seguido del centro de Santiago de Compostela con casi un 60%, y del de Alicante con un 53%. Los centros de Málaga y San Sebastián tienen la mitad de sus propagandistas mujeres. Todos los demás centros de la Asociación Católica de Propagandistas tienen menos del 50% de mujeres. También es curioso observar que en cinco centros (Alicante, Asturias, Pamplona, Santiago de Compostela y Toledo) todos los aspirantes son mujeres.

Además de los dos centros que aún no tienen ninguna mujer propagandista (Córdoba y el núcleo de Santa Cruz de Tenerife) hay otros dos que tienen menos de un 10% de mujeres, que son Barcelona y Sevilla. El centro más grande en número de propagandistas es Madrid que tiene un 16% de mujeres, seguido del centro de Valencia que tiene un 27%.

El último censo publicado en la Memoria de la Asociación Católica de Propagandistas, correspondiente al curso 2021-2022 muestra la distribución de mujeres en cada centro que se recoge en la Tabla 4. Siendo el porcentaje de mujeres activas un 23%, el de aspirantes y cooperadores un 14% y el total un 20%. Es curioso observar cómo en este censo de 2022 el tercer centro con mayor porcentaje de mujeres propagandistas era Cáceres, con un 46%, mientras que en el año 2023 ha bajado a un 40% de mujeres, dejando el tercer lugar con más mujeres al centro de Alicante que pasó de tener un 40% de mujeres en 2022 a un 53% en 2023.

Capítulo 9
Las mujeres en órganos de gestión de la ACdP

Desde el comienzo de la Asociación, el Secretario de un centro es un propagandista con un reconocimiento especial que reunido con los demás y con el Presidente toman decisiones importantes, como por ejemplo, elegir al Presidente y Vicepresidente en la Asamblea de Secretarios. También es importante el Consejo Asesor que se crea en 1921 para aconsejar al Presidente y que actualmente ha pasado a denominarse Consejo Nacional, formado en la actualidad por doce consejeros propagandistas activos, con antigüedad de al menos un año en esta situación, y elegidos cada dos años, por la Asamblea General, la Asamblea de Secretarios y el propio Consejo Nacional, según los Estatutos actuales. A partir de los Estatutos de 1976 se establecen los Secretariados Nacionales como parte de la Secretaría General de la Asociación, cuyo número y designación corresponde al Presidente, oído el Consejo Nacional, a propuesta del Secretario General.

Como ya se ha comentado anteriormente, la Asociación Católica de Propagandistas comienza a admitir mujeres propagandistas a partir de 1968 estando vigentes los Estatutos de 1955. La primera mujer que ostenta alguno de los cargos definidos en el párrafo anterior es D.ª María Jiménez Bermejo, que es una de las dos primeras mujeres del centro de Madrid que son admitidas como propagandistas en 1968. En octubre de 1971, D.ª María Jiménez Bermejo es nombrada Secretaria de Promoción de la Mujer[51]. Trabajó en este tema profundamente

---

51   Aunque los Secretariados nacionales no se hacen patentes hasta los Estatutos de 1976, estos llevan gestándose desde la LVII Asamblea General de la Asociación celebrada en 1970, donde ya se presentaron unos borradores que son modificados, retocados y rectificados en las Asambleas Generales de los años siguientes hasta su aprobación definitiva en la Asamblea General de 1976.

en todos los ámbitos posibles elaborando informes sobre la realidad social del trabajo femenino y el 13 de marzo de 1980 participó en una importante mesa redonda con el tema del divorcio matrimonial, en un momento en el que se estaba redactando la Ley 30/1981 de 7 de julio, conocida por la Ley española del divorcio.

Como consejeras nacionales, podemos asegurar que las primeras mujeres propagandistas fueron D.ª Concepción Llaguno Marchena del centro de Madrid durante los años 1980, 1981, 1982 y 1983 en cuyas reuniones participó activamente, y D.ª Concepción Bermejo Jiménez del centro de Murcia que asistió a algunas de las reuniones de los años 1980 y 1981. Podemos observar la Tabla 6 de Secretarias Nacionales, en la Tabla 7 de Vicesecretarias de centro y en la Tabla 8 de Secretarias de centro, donde todo esto queda reflejado y ampliado con las siguientes mujeres propagandistas, por orden cronológico.

Tabla 6. Primeras mujeres Secretarias Nacionales.

Cargo	Año	Nombre	Centro
Secretariado Nacional de Promoción de la Mujer	1971	María Jiménez Bermejo	Madrid
Secretaria Nacional de Incorporación de la mujer	1994	M.ª Luisa Fernández de Soto Blass	Madrid
Secretaria Nacional de Defensa de la Vida	2007	M.ª Carmen Fernández de la Cigoña	Madrid
Secretaria Nacional de Asuntos Jurídicos	2007	Elena Otero-Novas Miranda	Madrid
Secretaria Nacional de Familia y Vida	2012	Ana Rodríguez de Agüero Delgado	Madrid
Secretaria Nacional de Familia y Vida	2014	Águeda Merelló Pérez	Jerez de la Frontera
Secretaria Nacional de Familia y Vida	2017	Sirga de la Pisa Carrión	Madrid
Secretaria Nacional de Familia y Vida	2018	Carmen Cortés Pacheco	Barcelona
Secretaria Nacional de Familia y Vida	2023	Carmen Sánchez Maillo	Madrid
Secretaria Nacional de Vida Asociativa	2023	M.ª Fernanda de Paz Vera	Jerez de la Frontera
Secretaria Nacional de Acción Social	2023	M.ª Carmen Fornieles Cáceres	Guadix

Como puede comprobarse, el Secretariado Nacional de Familia y Vida, también denominado anteriormente como Secretariado Nacional de Defensa de la Vida, siempre ha sido llevado por una mujer desde su creación.

Tabla 7. Primeras mujeres Vicesecretarias de centro.

Centro	Año	Nombre
Madrid	2007	Sirga de la Pisa Carrión
Málaga	2008	Remedios Martín Lorenzo
Málaga	2009	Teresa de Andrés García de Angulo
Zaragoza	2009	Pilar Izquierdo Catalán
Zaragoza	2009	Pilar Izquierdo Catalán
Valencia	2012	Begoña Echaverría Llombart
Toledo	2019	Margarita Monroy Bestard
Alicante	2020	Patricia Merin Faus
Madrid	2020	Carla Díez de Rivera Pérez de Herrasti
Málaga	2021	Silveria González Amorena

Es importante observar que las mujeres propagandistas han comenzado a ser Vicesecretarias de centro en el siglo XXI; sin embargo, la primera mujer Secretaria de centro fue D.ª Concepción Bermejo Jiménez del centro de Murcia en el año 1980. Hasta el momento actual han sido trece centros los que han tenido en alguna ocasión una mujer como su Secretaria por orden cronológico: Murcia, Málaga, Jerez de la Frontera, Santiago de Compostela, Cádiz, Cáceres, Jerez de la Frontera, Zaragoza, Castellón, Pamplona, Alicante, Guadix y Murcia. Esto se recoge en la Tabla 9. Sin embargo, han tenido una Vicesecretaria de centro seis: Madrid, Málaga, Zaragoza, Valencia, Toledo y Alicante. Las Vicesecretarias de centro se recogen en la Tabla 8.

A partir de los años noventa, se ve como algo más habitual y normal nombrar o elegir mujeres como consejeras nacionales, este es el caso, por ejemplo, de D.ª M.ª Alcalá-Santaella Oria de Rueda que habiendo sido consejera local del centro de Madrid desde 1998, es Consejera Nacional desde el año 1999 hasta el 2007, o D.ª M.ª José Pou Amérigo, del centro de Valencia, que es también Consejera Nacional desde 1999 hasta 2005, o D.ª Ana M.ª Ahijado Cardassay del centro de Madrid, que ha sido Consejera Nacional desde 2006 a 2010, o D.ª M.ª Carmen Fernández de la Cigoña Cantero del centro de Madrid, que ha sido Consejera Nacional desde el 2007 al 2011 y desde el 2020 al 2022.

TABLA 8. PRIMERAS MUJERES SECRETARIOS DE CENTRO.

Centro	Año	Nombre
Murcia	1980	Concepción Bermejo Jiménez
Málaga	2004	Elena Moreno López
Jerez de la Frontera	2008	Consuelo García-Angulo de la Calle
Santiago de Compostela	2009	Nuria C. Vázquez Freire
Cádiz	2011	M.ª Carmen Fernández Sánchez
Cáceres	2012	M.ª Victoria Rodríguez Fernández
Zaragoza	2012	Pilar Izquierdo Catalán
Jerez de la Frontera	2014	M.ª Fernanda de Paz Vera
Castellón	2015	Amparo Beltrán Nebot
Pamplona	2017	M.ª Soledad Boleas Aguirre
Alicante	2017	Teresa Pomares Ortuño
Guadix	2021	M.ª Carmen Fornieles Cáceres
Murcia	2021	M.ª Victoria Campos Ruiz

Véanse en la Tabla 9, desde las primeras mujeres Consejeras Nacionales elegidas hasta las actuales. Como se puede observar las primeras corresponden a los años ochenta. En la actualidad hay tres mujeres Consejeras Nacionales lo que supone el 25% de los consejeros totales que son elegidos.

TABLA 9. PRIMERAS MUJERES CONSEJERAS NACIONALES DE LA ACDP.

Años	Nombre	Centro
1980/1981	Concepción Bermejo Jiménez	Murcia
1980/1983	Concepción Llaguno Marchena	Madrid
1995/1999	M.ª Luisa Fernández de Soto Blass	Madrid
1999/2007	M.ª Alcalá-Santaella Oria de Rueda	Madrid
1999/2005	M.ª José Pou Amérigo	Valencia
2002/2006	Carla Díez de Rivera Pérez de Herrasti	Madrid
2005/2007	M.ª Isabel Blázquez Rosado	Madrid
2006/2010	Ana M.ª Ahijado Cardassay[52]	Madrid
2007/2011 y 2020/2022	M.ª Carmen Fernández de la Cigoña Cantero	Madrid
2009/2015	Consuelo García-Angulo de la Calle	Jerez de la Frontera
2011/2013	Remedios Martín Lorenzo	Málaga
2011/2015	Sirga de la Pisa Carrión	Madrid
2015/2015	M.ª Victoria Rodríguez Fernández	Cáceres
2015/2017	Margarita Monroy Bestard	Toledo
2015/2021	Pilar Izquierdo Catalán	Zaragoza
2020/act.	Patricia Santos Rodríguez	Madrid
2021/act.	Ana M.ª Corregidor Sánchez	Toledo
2022/act.	Paloma Ortiz de Zárate Fontes	San Sebastián

---

52   Ana M.ª Ahijado es un ejemplo de mujer propagandista que primero fue Consejera Local del centro de Madrid, Consejera Nacional, y ya jubilada como profesora en la actualidad es la Directora Pedagógica del Colegio CEU Sanchinarro.

En el año 2012, bajo la presidencia de Carlos Romero Caramelo, por primera vez se nombra una mujer como patrona de la Fundación Universitaria San Pablo CEU, D.ª Elena Otero-Novas Miranda (del centro de Madrid)[53] que había sido ya secretaria de este Patronato desde el 2004 y otras cuatro mujeres como patronas de la Fundación Cultural Ángel Herrera Oria que reinicia su andadura, D.ª Marta Carmona Soriano (del centro de Madrid)[54], D.ª M.ª del Carmen Cózar Navarro (del centro de Cádiz)[55], D.ª Marisa Moreno Ramos (del centro de Toledo)[56] y D.ª M.ª Carmen Escribano Ródenas (del centro de Madrid)[57]. También en el mismo año 2012, el día 1 de mayo, D.ª Marisa Martínez Torre-Enciso fue designada como Secretaria del Consejo de Administración de la Inmobiliaria Universitaria Sociedad Anónima Unipersonal IUSAU. (Puede verse un resumen en la Tabla 10).

---

53   Previamente, bajo la presidencia de D. Alfredo Dagnino, fue contratada como Secretaria de dicho patronato, desde el año 2004 hasta el año 2012, en el que pasa a ser miembro del patronato de dicha fundación, cargo que ostenta hasta el año 2019.

54   Que finalizó su mandato en el año 2016.

55   Que finalizó su mandato en el año 2016.

56   Marisa Moreno Ramos fue nombrada desde 2011 Secretaria en funciones del centro de Toledo, hasta que este se constituyó definitivamente en 2013, y desde entonces ha sido reelegida siempre como su Secretaria hasta 2024, año en el que fue sustituida por elección de D.ª Margarita Monroy Bestard como nueva Secretaria, y que en ese momento era la Vicesecretaria del centro. Cesó en el Patronato en 2022.

57   Que finalizó su mandato en 2020.

TABLA 10. PRIMERAS MUJERES EN PATRONATOS.

Años	Nombre	Patronato de la Fundación	Centro
2012/2019	Elena Otero-Novas Miranda (secretaria 2004/2012)	Universitaria San Pablo CEU	Madrid
2012/2016	Marta Carmona Soriano	Cultural Ángel Herrera Oria	Madrid
2012/2016	M.ª del Carmen Cózar Navarro	Cultural Ángel Herrera Oria	Cádiz
2012/2022	Marisa Moreno Ramos	Cultural Ángel Herrera Oria	Toledo
2012/2020	M.ª Carmen Escribano Ródenas	Cultural Ángel Herrera Oria	Madrid
2016/act.	Consuelo Martínez-Sicluna y Sepúlveda	Universitaria San Pablo CEU	Madrid
2021/act.	Nuria Cristina Vázquez Freire	Universitaria San Pablo CEU	Santiago de Compostela
2017/act.	Adela Magdalena Aura y Larios de Medrano	Cultural Ángel Herrera Oria	Alicante
2019/act.	Consuelo García de Angulo de la Calle	Universitaria San Pablo CEU	Jerez de la Frontera
2021/act.	Maria Fernanda de Paz Vera	Universitaria Fernando III El Santo	Jerez de la Frontera
2022/act.	Felicidad Rodríguez Sánchez	Cultural Ángel Herrera Oria	Cádiz

Dos años más tarde, en 2014, es nombrada Vicesecretaria General D.ª M.ª Carmen Escribano Ródenas, siendo Secretario General, D. Antonio Rendón-Luna y de Dueñas, que había sido nombrado en la misma fecha de la elección del Presidente D. Carlos Romero Caramelo, el 26 de febrero de 2011.

Por su parte, la Asamblea de Secretarios eligió a una mujer, por primera vez, como Vicepresidenta de la Asociación D.ª Marisa Martínez

Torre-Enciso en su reunión del 9 de mayo de 2015. El resumen de estos cargos se recoge en la Tabla 11.

TABLA 11. PRIMERAS MUJERES EN LOS ÓRGANOS CENTRALES ACdP Y OBRAS.

Año	Nombre	Cargo	
2012	Marisa Martínez Torre-Enciso	Secretaria del Consejo de Administración de IUSAU	Designación
2014	M.ª Carmen Escribano Ródenas	Vicesecretaria General	Designación
2015	Marisa Martínez Torre-Enciso	Vicepresidenta	Elección
2016	Sirga de la Pisa Carrión	Secretaria General	Designación
2019	M.ª Fernanda de Paz Vera	Directora Jornadas Católicos y Vida Pública	Designación
2022	M.ª Carmen Fernández de la Cigoña Cantero	Secretaria General	Designación

En el año 2016, por primera vez llega una mujer a ser Secretaria General, D.ª Sirga de la Pisa Carrión, que es designada por el presidente D. Carlos Romero Caramelo para desempeñar el cargo el 7 de octubre de 2016, cargo que ocupa hasta el 27 de julio de 2018. D.ª Sirga de la Pisa había sido Consejera Nacional desde el año 2011 hasta el 2015. Y en el año 2022, el Presidente, D. Alfonso Bullón de Mendoza y Gómez de Valugera, vuelve a nombrar a una mujer para el cargo de Secretaria General, esta vez a D.ª Carmen Fernández de la Cigoña Cantero, que también había sido Consejera Nacional, en dos periodos, desde el año 2007 al 2011 y del 2020 al 2022.

Asimismo, en el año 2019 se nombra directora de las «Jornadas Católicos y Vida Pública» a D.ª M.ª Fernanda de Paz Vera, del centro de Jerez de la Frontera, cargo que viene desempeñando hasta la actualidad.

Hemos añadido una Tabla 12 con los años de duración de los presidentes de la ACdP, para observar y comparar con los años de incorporación de la mujer a los distintos centros y cargos de la Asociación.

TABLA 12. PRESIDENTES ACdP.

Fecha de Inicio	Fecha Final	Nombre
3-12-1909	8-9-1935	Ángel Herrera Oria
8-9-1935	4-9-1953	Fernando Martín Sánchez Juliá
4-9-1953	18-7-1959	Francisco Guijarro Arrizabalaga
18-7-1959	19-9-1965	Alberto Martín-Artajo Álvarez
19-9-1965	28-6-1985	Abelardo Algora Marco
19-9-1965	19-8-1993	Alfonso Ibáñez de Aldecoa
19-8-1993	6-11-1997	Rafael Alcalá-Santaella Núñez
6-11-1997	10-11-2006	Alfonso Coronel de Palma M. Agulló
10-11-2006	5-2-2011	Alfredo Dagnino Guerra
5-2-2011	27-7-2018	Carlos Romero Caramelo
27-7-2018		Alfonso Bullón de Mendoza y Gómez de Valugera

Actualmente son mujeres miembros del Patronato de la Fundación Universitaria San Pablo CEU, D.ª Consuelo Martínez Sicluna y Sepúlveda[58] del centro de Madrid, D.ª Consuelo García de Angulo de la Calle[59] del centro de Jerez de la Frontera y D.ª Nuria Cristina Vázquez Freire[60] del centro de Santiago de Compostela. En el Patronato de la Fundación Cultural Ángel Herrera Oria son actualmente miembros D.ª Adela M. Aura y Larios de Medrano[61] del centro de Alicante y D.ª M.ª Felicidad Rodríguez Sánchez[62] del centro de Cádiz. Y en la nueva Fundación Universitaria Fernando III el Santo, que renueva a la Fundación San Pablo Andalucía también hay una mujer, D.ª M.ª Fernanda de Paz Vera, del

---

58   Designada en el año 2016.

59   Designada en el año 2019.

60   Designada en el año 2021.

61   Designada en el año 2017.

62   Designada en el año 2022.

centro de Jerez de la Frontera. También es importante resaltar que de los actuales ocho Secretariados Nacionales que están activos en estos momentos, hay tres regentados por mujeres, el de Acción Social (D.ª M.ª Carmen Fornieles Cáceres del centro de Guadix), el de Familia y Vida (D.ª Carmen Sánchez Maíllo del centro de Madrid) y el de Vida Asociativa (D.ª M.ª Fernanda de Paz Vera).

En abril de 2024, el principal órgano consultivo y de decisión de la Asociación Católica de Propagandistas, el Consejo Nacional se encuentra formado por un total de 19 miembros, dentro de los cuales hay cinco mujeres, es decir, más del 26%. Los consejeros nacionales que se eligen son una docena, de los cuales, hay tres mujeres, D.ª Ana Corregidor Sánchez, D.ª Paloma Ruiz de Zárate Fontes y D.ª Patricia Santos Rodríguez, es decir forman el 25%. Las otras dos mujeres que forman parte del Consejo Nacional tienen voz, pero no voto pues son designadas y son la Secretaria General, D.ª M.ª Carmen Fernández de la Cigoña Cantero y la Vicesecretaria General, D.ª M.ª Carmen Escribano Ródenas.

Es importante también mencionar que, en mayo de 2023, de los veintitrés centros actuales de la ACdP distribuidos por toda la geografía española, en seis de ellos, lo que constituye algo más de la cuarta parte (+ 25%), el Secretario de centro es una mujer: D.ª M.ª Teresa Pomares Ortuño del centro de Alicante y en funciones del centro de Murcia, D.ª Amparo Beltrán Nebot del centro de Castellón[63], D.ª M.ª del Carmen Fornieles Cáceres del centro de Guadix, D.ª Nuria C. Vázquez Freire del centro de Santiago de Compostela y D.ª Margarita Monroy Bestard del centro de Toledo.

Hemos omitido los nombramientos de mujeres como Consejeras Locales en los distintos centros pues nos ha sido muy difícil encontrar datos, pero todas las investigaciones dejan hilos sueltos para el futuro.

---

63   En diciembre de 2023, D.ª Amparo Beltrán Nebot ha sido sustituida por un nuevo Secretario elegido por el centro de Castellón, D. Vicente Sánchez Lino, aunque ella ha sido nombrada Vicesecretaria del centro en febrero de 2024.

Capítulo 10

Jesús y las mujeres

En la época en la que Jesús nace como ser humano, el imperio romano es la potencia hegemónica de las dos orillas del Mediterráneo, incluida la tierra donde vive y se mueve Jesús de Nazaret. En estos momentos, la mujer, en general, era despreciada en su dignidad, olvidada en sus prerrogativas y marginada frecuentemente. Incluso en la sociología judía de la época es un tema pendiente de análisis científico y antropológico la situación de la mujer en los primeros siglos de nuestra era.

En el nuevo Testamento, Jesús, que está rodeado por hombres, tiene muchos encuentros con mujeres, donde se muestra el genio femenino con gran expresividad: lloran a sus pies, le ungen con óleo en una cena, sollozan delante de él la muerte de un hermano, muestran su sufrimiento como madres, hacen profesión de fe a pesar de la enfermedad…; hay mucho que aprender del cruce de miradas de Jesús con estas mujeres. Jesús de Nazaret es el promotor de la verdadera dignidad de la mujer y de la vocación correspondiente a esta dignidad, incluso cuando, en esos momentos, la actitud de Jesús podía provocar sorpresa, estupor o incluso llegar a los límites del escándalo. Como ejemplo podemos citar el caso de la samaritana, cuando sus discípulos se quedan muy sorprendidos de que hable con una mujer así (Jn, 4, 27). Este comportamiento no era el habitual ni para los judíos ni para los paganos en esos momentos.

En el Evangelio se muestra a un gran número de mujeres que se acercan a Jesús con diferentes edades y condiciones, incluso aquejadas de diversas enfermedades. Algunas se conformaban con tocar la ropa de Jesús, como la hemorroisa, que tocó el manto de este, «Tu fe te ha salvado» (Mc, 5, 41). Algunas de estas mujeres que reciben alguna gracia de Jesús, le acompañarán ya para siempre junto con los apóstoles, para anunciar el Evangelio, mientras que otras mujeres aparecen en las parábolas con las que Jesús intentaba explicar a los que le escuchaban cómo era el Reino de Dios; por ejemplo, recordemos la parábola del dracma perdido (Lc, 15, 8-10), de la levadura (Mt, 13, 33), de las vírgenes prudentes y de las vírgenes necias (Mt, 25, 1-13), incluso la narración de Jesús sobre el óbolo de la viuda. Son importantes las conversaciones de Jesús con la madre de los Zebedeos y con las hermanas de Lázaro, Marta y María. También la mujer del prefecto romano Poncio Pilato tiene una pequeña intervención como defensora del justo (Mt, 27,19). Otra observación importante es que Jesús confía el primer anuncio de su Resurrección a una mujer, María Magdalena (Jn, 20, 17).

No podemos olvidar a su madre María, y a su abuela santa Ana; María se define ella misma como la esclava del Señor (Lc, 1, 38), aunque la invoquemos como reina del cielo y de la tierra, su reinar es servir y su servir es reinar, como dijo san Juan Pablo II en su carta a las mujeres, en la proximidad de la IV conferencia mundial sobre la Mujer en Pekín (Vaticano 29 de junio de 1995). También hay que recordar a Isabel, la prima de María y madre de Juan el Bautista (Lc, 1, 39-45).

El Papa Francisco ha destacado que la doctrina de Jesús sobre la mujer cambia la historia, y así, una cosa es la mujer antes de Jesús y otra cosa es la mujer después de Jesús de Nazaret. Jesús dignifica a la mujer, la pone al mismo nivel que el hombre, pues los dos, hombre y mujer, son imagen y semejanza de Dios. El Papa insiste en que «Jesús tuvo una madre –concluye el Papa– y tuvo muchas amigas que lo siguieron para ayudarlo en su ministerio, para sostenerlo». Además, «Jesús encontró a muchas mujeres despreciadas, marginadas, descartadas: y con cuánta ternura, con cuánto amor las alivió, les dio de nuevo la dignidad» (Homilía del Papa Francisco del 15 de junio de 2018).

Capítulo 11

Los últimos Papas y las mujeres

La mujer aparece en los Evangelios en paralelo con los hombres, se habla de ellas y de ellos indistintamente. Desde el libro del Génesis, «Creó, pues, Dios al ser humano a imagen suya, a imagen de Dios le creó: varón y mujer los creó» (Gn 1, 27). «En la historia de la salvación es una mujer la que acoge el Verbo; y también son las mujeres las que en la noche oscura custodian la llama de la fe, las que esperan y proclaman la Resurrección» (Papa Francisco[64]).

El Papa Pio XII fue muy innovador respecto al rol asignado, tradicionalmente, a la mujer, impulsándola a participar en las tareas de la vida pública, superando los límites de su círculo familiar y creando un movimiento llamado «promoción de la mujer», proclamando la igualdad fundamental del varón y la mujer

> El hombre y la mujer son imágenes de Dios y personas iguales en dignidad; poseen los mismos derechos, sin que se pueda sostener de ninguna manera que la mujer es inferior. Esta semblanza con Dios hace de ambos seres inteligentes capaces de dominar la creación y utilizarla para su servicio[65].

En el año 1961, el Papa san Juan XXIII, en su discurso a los participantes en el Congreso de estudio sobre la mujer y la vida social, hace hincapié en que la evolución técnica y social de los últimos cincuenta años han sacado a la mujer de las paredes del hogar y la han puesto en contacto directo con la vida pública.

---

64 Mensaje del Santo Padre Francisco a las participantes en un seminario web organizado por la consulta femenina del Consejo Pontificio de la Cultura sobre el tema «Las mujeres leen al Papa Francisco», 7 de octubre de 2020.

65 Discurso de Pío XII dirigido a la UMOFC en su XIV Congreso Internacional celebrado en Roma en 1957.

La mujer, tanto como el hombre, es necesaria para el progreso de la sociedad, especialmente en todos aquellos campos que requieren tacto, delicadeza e intuición maternal[66].

El Concilio Vaticano II no se ocupa expresamente del problema de la mujer, sin embargo, este aparece en muchos de sus textos, por ejemplo, en la *Constitución Lumen Gentium*, se explica que todos los miembros del Pueblo de Dios poseen la misma dignidad e idéntica responsabilidad en la misión evangelizadora de la Iglesia y en la animación del orden temporal. En *Gaudium et Spes*, se rechaza toda forma de discriminación por razón de sexo y se proclama la igualdad de derechos en el mundo del trabajo, de la cultura y de la familia.

En el transcurso del Concilio Vaticano II, el 8 de marzo de 1965, el mismo concilio lanza este mensaje a las mujeres:

> Llega la hora, ha llegado la hora en que la vocación de la mujer se cumple en plenitud, la hora en que la mujer adquiere en el mundo una influencia, un peso, un poder jamás alcanzado hasta ahora...

En la clausura del Concilio, el 8 de diciembre de 1965, el Papa Pablo VI realiza un Mensaje a las Mujeres donde dice:

> La Iglesia está orgullosa, vosotras lo sabéis, de haber elevado y liberado a la mujer, de haber hecho resplandecer, en el curso de los siglos, dentro de la diversidad de los caracteres, su innata igualdad con el hombre... Mujeres, vosotras, que sabéis hacer la verdad dulce, tierna, accesible, dedicaos a hacer penetrar el espíritu de este Concilio en las instituciones, las escuelas, los hogares, y en la vida de cada día.

El Papa san Juan XXIII, en su carta apostólica *Mulieris Dignitatem* de 1988 comienza explicando que «la mujer es la representante y arquetipo de todo el género humano, es decir, representa aquella humanidad que es propia de todos los seres humanos, ya sean hombres o

---

66   6 de septiembre de 1961. Discurso a los participantes en el Congreso de estudio sobre la mujer y la vida social del Papa Juan XXIII.

mujeres»[67]. Casi al final de esta carta apostólica dice: «Si el hombre es confiado de modo particular por Dios a la mujer, ¿no significa esto tal vez que Cristo espera de ella la realización de aquel "sacerdocio real" (1 Ped 2, 9) que es la riqueza dada por Él a los hombres?»

El Papa san Juan Pablo II, en su Carta a las Mujeres, del 29 de junio de 1995, ante la proximidad de la IV Conferencia Mundial sobre la Mujer, que se realizó en Pekín en septiembre del mismo año, dice:

> Mi gratitud a las mujeres se convierte pues en una llamada apremiante, a fin de que por parte de todos, y en particular por parte de los Estados y de las instituciones internacionales, se haga lo necesario para devolver a las mujeres el pleno respeto de su dignidad y de su papel. A este propósito expreso mi admiración hacia las mujeres de buena voluntad que se han dedicado a defender la dignidad de su condición femenina mediante la conquista de fundamentales derechos sociales, económicos y políticos, y han tomado esta valiente iniciativa en tiempos en que este compromiso suyo era considerado un acto de transgresión, un signo de falta de feminei-dad, una manifestación de exhibicionismo, y tal vez un pecado.

Benedicto XVI en su Discurso sobre la promoción de la mujer, pro-nunciado a los movimientos comprometidos en Angola el 23 de marzo de 2009 afirma que:

> Hay que reconocer, afirmar y defender la misma dignidad del hombre y la mujer, ambos son personas, diferentes de cualquier otro ser viviente del mundo que los rodea.
>
> Así, en el mes de septiembre del año 2012, nombró un número sin pre-cedentes de mujeres para el Sínodo de los Obispos que se celebró en octu-bre siguiente; de los 45 expertos que nombró, diez eran mujeres (más del 22%), y de los 49 observadores, diecinueve fueron mujeres (casi el 40%); es decir, un total de 29 mujeres (más del 30%).

---

67   Carta Apostólica *Mulieris Dignitatem* del Sumo Pontífice Juan Pablo II sobre la dignidad y la vocación de la mujer con ocasión del año mariano. 15 de agosto de 1988.

Desde su elección como Papa en 2013, Francisco se propuso aumentar el número de mujeres en la Iglesia, especialmente en puestos relevantes, aunque poco a poco. El primer gran nombramiento del nuevo Papa fue en diciembre de 2016 cuando eligió a la laica italiana Bárbara Jatta como primera mujer directora de los Museos Vaticanos. Unos meses antes había designado a la española corresponsal de la cadena COPE, Paloma García Ovejero[68], como vicedirectora de la oficina de prensa del Vaticano, aunque dimitió junto con el director Greg Burke. En agosto de 2020 integró en el Consejo para la Economía de la Santa Sede a las abogadas españolas Concha Osácar y Eva Castillo, y a las británicas Ruth Mary Kelly y Lesile Jane Ferrar, junto a la alemana Marija Kolak. El 7 de octubre de 2020, en el Mensaje del Santo Padre Francisco a las Participantes en un seminario web organizado por la consulta femenina del Consejo Pontificio de la Cultura sobre el tema «Las mujeres leen al Papa Francisco», el Papa dice: «… porque las mujeres tienen el don de aportar una sabiduría que sabe restañar las heridas, perdonar, reinventar y renovar».

El Papa Francisco decidió, en noviembre de 2021, ampliar a las mujeres los ministerios de lectorado y acolitado. La nueva Constitución Apostólica permite que cualquier fiel bautizado (tanto hombres como mujeres) pueden liderar dicasterios vaticanos. Así, en el mismo año 2021 nombró a la italiana Raffaella Petrini (Hija de María Auxiliadora) Vicegobernadora del Estado de la Ciudad del Vaticano, también denominada Secretaria General de la Gobernación. También en 2021 nombró a Alessandra Semerilli secretaria interina del dicasterio para el Servicio del Desarrollo Humano Integral. El 13 de julio de 2022, por primera vez nombró a tres mujeres para formar parte del Dicasterio para los Obispos. Este ministerio vaticano estaba formado, hasta este momento, por veintitrés hombres obispos y cardenales. Estas tres mujeres son dos religiosas y una laica. Las religiosas son Raffaella Petrini, franciscana italiana e Ivonne Reungoat, salesiana francesa, ex superiora general de las Hijas de María Auxiliadora. La laica es la argentina

---

68   Paloma García Ovejero había llegado a Roma tomando el relevo de la periodista española Paloma Gómez Borrero en el año 2012, como corresponsal de la cadena COPE.

Maria Lia Zervino, presidenta de la UMOFC hasta el pasado mes de mayo de 2023.

Otras mujeres con cargos en el Vaticano en la actualidad son la religiosa francesa Nathalie Becquart, subsecretaria del Sínodo de los Obispos, la abogada italiana Francesca Di Giovanni, subsecretaria de la Sección para las Relaciones con los Estados (sala de mandos de la Santa Sede) y la religiosa española Carmen Ros Norte, de las Hermanas de Nuestra Señora de la Consolación, subsecretaria del Dicasterio para los Institutos de Vida Consagrada y las Sociedades de Vida Apostólica[69].

En el pasado día internacional de la mujer, el 8 de marzo de 2023, después de la audiencia general celebrada en el Vaticano, el Papa Francisco agradeció su compromiso a las mujeres en la construcción de una sociedad más humana, por su capacidad de captar la realidad con mirada creativa y corazón tierno. Dijo que este es un privilegio sólo de las mujeres.

Durante el último viaje apostólico del Papa Francisco a Portugal, con ocasión de la XXXVII Jornada Mundial de la Juventud celebrada en agosto de 2023, en su discurso con los jóvenes universitarios de la Universidad Católica Portuguesa de Lisboa (2 de agosto de 2023), el Papa Francisco dijo las siguientes palabras:

A este propósito, es interesante que en la nueva cátedra dedicada a la «Economía de Francisco» ustedes hayan unido la figura de Clara. En efecto, la contribución femenina es indispensable. En el inconsciente colectivo cuántas veces está pensar que las mujeres son de segunda, son suplentes, no juegan de titulares. Y eso existe en el inconsciente colectivo. La contribución femenina es indispensable. Por lo demás, en la Biblia se ve cómo la economía de la familia está en buena parte en manos de la mujer. Ella, con su sabiduría, es la verdadera «regenta» de la casa, que no tiene como objetivo exclusivamente el beneficio, sino el cuidado, la convivencia, el bienestar físico y espiritual de todos, y además el poder compartir con los pobres y los forasteros. Y es apasionante emprender los estudios económicos desde

---

69   El arzobispo secretario de este dicasterio es otro español, es el franciscano D. José Rodríguez Carballo.

esta perspectiva, con la intención de restituir a la economía la dignidad que le corresponde, para que no esté en manos del mercado salvaje y de la especulación. La iniciativa del Pacto Educativo Global, y los siete principios que establecen su arquitectura, incluyen muchos de estos temas, desde el cuidado de la casa común hasta la plena participación de las mujeres, para llegar a la necesidad de encontrar nuevos modos de entender la economía, la política, el desarrollo y el progreso. Los invito a estudiar el Pacto Educativo Global, apasionarse por él. Uno de los puntos que trata es el de la educación en la acogida y la inclusión. Y no podemos fingir no haber oído las palabras de Jesús en el capítulo 25 de Mateo: «estaba de paso, y me alojaron» (v. 35)[70].

---

70   Páginas 21-22 del citado discurso.

Capítulo 12

A modo de colofón

Está claro que el tema de la mujer en la sociedad ha ido evolucionando con el paso del tiempo, poco a poco, no solo en España, sino en el mundo entero. Ya, a mediados del siglo pasado, en España, D. Ángel Herrera Oria piensa, en primer lugar, en las mujeres como maestras de sus Escuelas Rurales de la diócesis de Málaga en los años cincuenta.

En particular, en la Iglesia católica, el Concilio Vaticano II (1962-1965), consiguió que se abrieran las puertas a la mujer. Es importante tener en cuenta que la española D.ª Pilar Bellosillo era en estos momentos la presidenta de la UMOFC y fue invitada junto a más mujeres a participar en comisiones y reuniones durante el citado concilio, siendo, de las veintitrés mujeres que participaron, como auditoras del mismo, la única española. Recordemos las palabras del concilio para la mujer:

> Llega la hora, ha llegado la hora en que la vocación de la mujer se cumple en plenitud, la hora en que la mujer adquiere en el mundo una influencia, un peso, un poder jamás alcanzado hasta ahora...

A nuestra Asociación llegan en la década de 1960 peticiones para que las mujeres puedan ser admitidas como propagandistas. Es el presidente D. Abelardo Algora Marco el que inicia los trámites ante las autoridades eclesiásticas para la admisión de mujeres a partir de las peticiones del secretario del centro de Murcia, D. Antonio Pérez Crespo, al Consejo Nacional.

Las dos primeras mujeres que se inscriben en esta Asociación son D.ª María Jiménez Bermejo y D.ª Sofia Vidaurrazaga Zimmermann, ambas del centro de Madrid, admitidas en el Consejo Nacional del 3 de junio de 1968. Estas son seguidas por D.ª Ángela Payá Asensio, del centro de Murcia, admitida en el Consejo Nacional del 9 de noviembre del mismo año 1968, y la cuarta mujer es D.ª Elena Moreno López[71], del centro de Málaga, admitida en la reunión del Consejo Nacional del 13 de diciembre de 1969. De 685 socios, según el censo de 1970, hay cuatro mujeres. Este número no aumentará hasta 1971.

La década de los años 1970 ofrece un panorama diferente, pues ingresan en la Asociación un total de dieciséis mujeres, y más de ciento cincuenta hombres. Además, en 1971 es nombrada D.ª María Jiménez Bermejo, Secretaria Nacional de «Promoción de la Mujer», que ya venía realizando actividades con mujeres desde su incorporación a la ACdP. Durante toda esta década se realizan numerosas reuniones, debates, coloquios y círculos de estudio sobre el tema de la «Promoción de la Mujer».

En la década de los años 80 del siglo xx, la admisión y participación de mujeres en la ACdP se va normalizando; así en todo el periodo se admiten casi ochenta hombres y catorce mujeres. En esta década las mujeres van participando en algunos órganos de decisión, como el Consejo Nacional, siendo nombradas para el mismo consejeras nacionales D.ª María Jiménez Bermejo y D.ª Concepción Llaguno Marchena. También es nombrada una mujer como secretaria del centro de Murcia, D.ª Concepción Bermejo Jiménez.

A partir de 1990 la cuestión de la mujer va siendo más sistematizada y, en 1994, se nombra a D.ª M.ª Luisa de Soto Blass como Secretaria Nacional para la «Incorporación de la Mujer», y siguen eligiéndose consejeras nacionales mujeres. En estos momentos ya se nombran habitualmente mujeres como secretarias y vicesecretarias de los diversos centros, siendo en la actualidad mujeres la cuarta parte de los secretarios de centro.

Es en el siglo xxi cuando la Asociación Católica de Propagandistas tiene una mayor participación y presencia de la mujer en órganos de dirección, como son la Vicepresidencia (D.ª M.ª Isabel Martínez Torre-Enciso, 2015), la Secretaría General (D.ª Sirga de la Pisa Carrión, 2016) y la actual Secretaría General (D.ª Carmen de la Cigoña Cantero,

---

71   Estrecha colaboradora de D. Ángel Herrera Oria en la diócesis de Málaga.

2022). Otro dato relevante es que, en 2004, se nombra a D.ª Elena Otero-Novas Miranda como Secretaria del Patronato de la Fundación Universitaria San Pablo CEU, que abre las puertas para que, a partir de 2012, se elijan mujeres como miembros de los Patronatos, tanto de la Fundación Universitaria San Pablo CEU como de la Fundación Cultural Ángel Herrera Oria. En estos momentos la Asociación cuenta con un porcentaje de más del 20% entre sus miembros, habiendo, en la actualidad, socias en veintiuno de los veintitrés centros repartidos por toda la geografía española. En el Consejo Nacional se cuenta con un 25% de consejeras electas, además de la Secretaria General y de la Vicesecretaria General.

Creo, sinceramente, que nuestra Asociación Católica de Propagandistas ha sido de las primeras realidades eclesiales en cumplir los deseos del Concilio Vaticano II incorporando mujeres entre sus miembros, lo que, obviamente, sigue realizando, aunque, también es necesario indicarlo, aún no se ha conseguido la paridad que buscan todas las asociaciones en la actualidad.

Por último, unos datos para reflexionar:

- Las mujeres constituyen aproximadamente la mitad de la población mundial.
- Del total de las horas laborales, las mujeres realizan dos tercios.
- Las mujeres reciben el 10% de las ganancias mundiales.
- De las propiedades del mundo, las mujeres son dueñas del 1%.

Referencias bibliográficas

ALTARRIBA VILANOVA, G. (2022). «Cuarenta años en las escuelas capilla de Málaga: "Si volviera a nacer, volvería a ser maestra"». Periódico *El Debate*, 10/09/2022. Recuperado el 26 de agosto 2023 de https://www.eldebate.com/religion/catolicos/20220910/cuarenta-anos-escuelas-capilla-malaga-volviera-nacer-volveria-maestra_58704.html

ANSEDE, M. (2022). «Trinidad Arroyo votó 17 años antes que las demás mujeres». Periódico *El País*, página 38, domingo 20 de febrero de 2022.

ARCHIVO ACdP. Consulta de Actas de Consejos Nacionales, Asambleas Generales y Asambleas de Secretarios.

AYALA, A. (1999). Obras Completas. Volumen I. *Formación de Selectos*. Biblioteca de Autores Cristianos.

BOLETÍN DE LA A. C. N. DE PROPAGANDISTAS. Recuperados el 25 de agosto de 2023 de https://www.acdp.es/publicaciones/archivo-historico-de-boletines/

BUSTOS RODRÍGUEZ, M.; MARTÍN PUERTA, A.; DEL POZO ABELLÁN, G. (2022). *La Asociación Católica de Propagandistas: Orígenes, espiritualidad y fundamentos*. CEU Ediciones. Madrid.

DIÓCESIS DE MÁLAGA (2019). *Semanario de la Iglesia católica en Málaga*. Año XXIII, Número 1.149, Domingo XXVIII del T. O. 13 octubre 2019. Recuperado el 25 de agosto de 2023 de https://www.diocesismalaga.es/cms/media/pdfs/1405.pdf

FIGUEIRAS OCAÑA, L.; MOLERO APARICIO, M.; SALVADOR ALCAIDE, A. Y.; ZUASTI SORAVILLA, N. (2002). *El juego de Ada. Matemáticas en las Matemáticas*. Proyecto Sur. Granada.

GABRIEL, N. (2018). «Emilia Pardo Bazán, las mujeres y la educación. El Congreso Pedagógico (1892) y la Cátedra de Literatura (1916)». *Historia y Memoria de la Educación*, 8, pp. 489-525.

GARCÍA ESCUDERO, J. M. (1998). *De periodista a cardenal. Vida de Ángel Herrera*. BAC. Madrid.

GARCÍA MOTA, F. (1989). *Escuelas Rurales. Patronato Mixto de Educación Primaria Obispado de Málaga*. Tesis Doctoral dirigida por D. Emiliano Mencía. Universidad Pontificia de Salamanca. Recuperada el 23 de agosto de 2023 de https://summa.upsa.es/viewer.vm?id=30249

GUTIÉRREZ GARCÍA, J. L. (2010). *Historia de la Asociación Católica de Propagandistas*. Vol. I y II. CEU Ediciones. Madrid.

GUTIÉRREZ GARCÍA, J. L. (2015). *Los Estatutos de la Asociación Católica de Propagandistas. Texto y comentarios. 1909-2015*. CEU Ediciones. Madrid.

GUTIÉRREZ GARCÍA, J. L. (2021a). *Ayer y hoy de la Asociación Católica de Propagandistas*. CEU Ediciones. Madrid.

GUTIÉRREZ GARCÍA, J. L. (2021b). *Recordando a Ángel Herrera Oria*. CEU Ediciones. Madrid.

MATAIX, S. (2003). *Matemática es nombre de mujer*. Ed. Rubes. Barcelona.

NOMDEDEU MORENO, X. (2004). *Sofía. La lucha por saber de una mujer rusa*. Colección La matemática en sus personajes. Ed. Nivola. Madrid.

PÉREZ CRESPO, A. (2013). *Historia del centro de Murcia de la Asociación Católica de Propagandistas (ACdP). De 1926 a 2011*. CEU Ediciones. Madrid.

QUINTANA (1814). Informe Quintana. Consultado el 2 de marzo de 2023 de http://www.ub.edu/ciudadania/hipertexto/evolucion/textos/infquintana.htm

Real Orden 11 de junio de 1888, *Gaceta de Madrid*. https://www.boe.es/gazeta/dias/1888/06/11/pdfs/GMD-1888-163.pdf

SÁNCHEZ GARRIDO, P. (2017). «Génesis e identidad del grupo fundacional de la ACN de JP (1904-1909)» *Hispania Sacra*, 69 (139): 389-400.

VALCÁRCEL, A. (2013). *Feminismo en un mundo global*. Cátedra. Madrid.

VERDÚ, D. (2021). «El Papa apuesta, moderadamente, por las mujeres». Periódico *El País*, 14 de noviembre de 2021, p. 6.